歴史文化ライブラリー

304

流行歌の誕生

「カチューシャの唄」とその時代

永嶺重敏

吉川弘文館

目　次

松井須磨子の歌声――プロローグ

1　松井須磨子の歌声

カチューシャかわいや／わかれのつらさ
せめて淡雪とけぬ間と／神に願ひを（ララ）かけましょか

このような歌詞で始まる「カチューシャの唄」は、大正三年（一九一四）に島村抱月《しまむらほうげつ》の芸術座が帝国劇場で上演した『復活』の劇中で歌われた歌である。松井須磨子《まついすまこ》によって歌われ、その後爆発的に大流行し、日本全国で長く愛唱された。

作詞したのは島村抱月と相馬御風《そうまぎょふう》、作曲者は中山晋平《なかやましんぺい》で、美空ひばり、倍賞千恵子、森昌子といったさまざまな歌手によって現在まで歌い継がれてきている。「現代流行歌の元祖」「日本の流行歌第一号」とされ、流行歌の歴史においてきわめて重要な歌である。

図１　島村抱月

ところで、「カチューシャの唄」を歌って全国的に流行させたのは、松井須磨子という芸術座のスター女優であったが、松井須磨子や芸術座について書かれたものを読むと、須磨子は歌がかなり下手だったという。中には音痴に近いとまで酷評している人もいるぐらいである。作曲者の中山晋平の評も手厳しい。

時雨音羽《しぐれおとわ》「まるっきり落第です。お須磨さんという人は一種のオンチじゃなかったかと思うんです」（朝日新聞社編『東京のうた』）

サトウハチロー「ひどい声でしたね。おやじの佐藤紅緑《こうろく》が帝劇に作品を出していた関係で、お須磨さんの舞台はほとんどみましたがね。まるで歌にもなんにもなっていない」（同）

中山晋平「唄い手としての松井さんは、正直のところ余りカンのよい方でなく、声の質も上乗とは世辞にも云はれない」（「作曲生活廿年を語る」）

かなり辛らつな評価ばかりではあるが、いったいどんな歌声だったのであろうか。そもそも松井須磨子の音源が現在残されているのであろうか。

そう思っていた二〇〇七年の暮れに、幸いにも『創業一九一〇年コロムビアレコードのお宝音楽』と題するCDが発売され、その中に「カチューシャの唄（復活唱歌）」と「復活劇中カチューシャのセリフ」がいずれも須磨子本人の声で収録されていた。唄が二分三三秒、セリフが三分二二秒と短いものである。この音源は大正三年に京都の東洋蓄音器会社がオリエントレーベルで発売したレコードの両面盤である（なお、現在では、この元祖「カチューシャの唄」は動画コンテンツサイトのユーチューブでも聞くことができる）。

図２　松井須磨子
（早稲田大学演劇博物館所蔵）

こうして、やっと念願の松井須磨子の歌声を聞くことができたが、まず驚いたのはまったく伴奏音楽なしで歌っていたことである。無伴奏での独唱というのは普通の声量で歌うと非常に寂しく聞こえる。しかも、ノイズが強くて、そのノイズの間から聞こえてきたのはたしかに弱々しげな、なんとも覚束ない歌声であった。

このような無伴奏のあまりうまくない「カチューシャの唄」が、どうして空前の大ヒットとなり、「日本の流行歌第一号」とまでいわれるようになったのであろうか。そもそも、この歌はどのようにして誕生し、当時の人々にどのように歌われたのであろうか。

本書は流行歌の元祖とされる「カチューシャの唄」を手がかりにして、大正初期の流行歌の誕生、流行、受容のあり方を読み解く試みである。大正初期には、レコードという新しい音声複製技術はまだ一般家庭への普及度が低かった。レコード会社従業員の日給が一円以下であったこの時期に、レコードの両面盤の価格は一円五〇銭、蓄音器も一五円から二五円程度と高く、庶民の気軽に手の届くメディアではなかった（倉田喜弘『日本レコード文化史』）。

レコードがまだ広く一般に普及する以前、歌の再生をもっぱら人間のナマの声に頼っていた大正初期に、流行歌は人々とどのような関係をとり結んでいたのであろうか。

まず、私たちは「カチューシャの唄」が誕生する大正三年二月の早稲田にある島村抱月邸を訪れることにしよう。

「カチューシャの唄」の誕生

劇中歌という仕掛け

晋平・抱月と芸術座

「カチューシャの唄」の作曲者中山晋平《なかやましんぺい》は、古賀政男《こがまさお》と並ぶ日本の流行歌の大御所として知られているが、大正三年（一九一四）の時点ではまだ二七歳の青年で、早稲田の島村抱月《しまむらほうげつ》家の書生部屋に住む無名の小学校音楽教師にすぎなかった。

晋平は一九歳の時に長野から上京して抱月家に書生《しょせい》として住み込み、かたわら東京音楽学校（現、東京芸術大学）に通った。大正元年に東京音楽学校を卒業後も抱月家の書生部屋に住みながら、浅草千束《せんぞく》小学校の音楽教師をしていた。

「カチューシャの唄」の誕生に重要な役割をはたしたもう一人の人物は島村抱月である。

晋平とは対照的に、抱月はこの時期、新進気鋭の早稲田大学教授として広く知られる存在であった。抱月は東京専門学校（現、早稲田大学）卒業後、イギリスとドイツに留学し、帰国後に早稲田大学の教授になった。明治三九年には文芸協会を設立して翻訳劇の上演等に精力的に活動していたが、妻子がありながら、『人形の家』のノラ役で一躍スター女優になった松井須磨子との恋愛問題を引き起こしたため、大正二年に文芸協会を追われて早稲田大学教授の職も辞し、新たに芸術座を立ち上げたばかりであった。

しかし、芸術座の経営は非常な苦境にあった。というのも、芸術座の第一回公演メーテルリンク原作『内部』『モンナ・ヴァンナ』（大正二年九月、有楽座）は連日満員を記録する盛況であったが、芸術座創立以来の経費を清算したため、多額の赤字を計上した。さ

図３　中山晋平
（島村抱月の長男・次女と共に，町田等監修『カチューシャの唄よ，永遠に』郷土出版社，平成８年）

図4　芸術座園遊会（大正2年10月6日）

らに、第二回公演のイプセン原作『海の夫人』とチェホフ原作『熊』（大正三年一月、帝劇）も興行的に失敗し、芸術座は解散のがけっぷちに追い込まれていた。

こうして、抱月は芸術至上主義のみでは劇団が立ち行かないことを悟り、芸術的な路線と経済的基礎の両立の必要性を痛切に思い知らされた（中《なか》村吉蔵《むらきちぞう》「芸術座の記録」）。経済的基礎の確立のために、抱月は大正三年三月に予定されていた第三回公演で、芸術座幹事である楠山正雄《くすやままさお》の提案を受けてトルストイの『復活』を取り上げる。

武者小路実篤《むしやのこうじさねあつ》らの白樺《しらかば》派の例にみられるように、明治から大正にかけて、トルストイの文学と人道主義思想は青年知識人層に強い影響を与え、トルストイブームが大きな広がりをみせていた。

このようなトルストイ人気に加えて、抱月はさらに興行的成功のための切り札として劇中歌の採用に踏み切る。そして、このことが「カチューシャの唄」誕生のきっかけとなった。

メロディの誕生

大正三年二月のある日、晋平は抱月に呼ばれて、翌三月に帝国劇場で上演予定の『復活』の劇中で歌われる歌の作曲を依頼された。その歌は、劇の第一幕の「ロシアのさる貴族の若様ネフリュドフとその家の美しい小間使カチューシャとのロマンティックな場面で歌われる歌」で、曲調も

小間使の唄であるから高尚すぎぬように、讃美歌くさいのは勿論困るし、学校の唱歌になつても困る、西洋のリードと日本の俗謡との中間をねらつたものでどうか

という注文であったという（「カチューシャの思い出」）。そして、抱月の作詞した次のような歌詞を示された。

カチューシャ可愛や　わかれのつらさ
せめて淡雪　とけぬ間と
神にねがひを　かけませうか

この注文を受けて、晋平は早速作曲に取りかかったが、メロディの誕生は難産をきわめた。晋平はその晩眠れず、翌晩も眠れず、一週間経っても二週間経っても一片の旋律も浮

かんでこなかった。一か月近く呻吟《しんぎん》を続け、ようやく舞台稽古の始まる三日前に往来を歩いている時に、ふと歌詞の一部分に「ララ」というはやし言葉を挿入することを思いつき、それがきっかけでメロディが生まれてきたという（「カチューシャの思い出」）。

しかし、いざ舞台稽古にかけてみたところ、歌詞の一番だけでは短すぎたため、急きょ晋平みずから相馬御風《そうまぎょふう》宅におもむいて、新たに二番以下の次のような歌詞を作ってもらった。

二　カチューシャかわいや／わかれのつらさ
今宵ひと夜にふる雪の／明日は野山の道かくせ

三　カチューシャかわいや／わかれのつらさ
せめて又逢ふそれまでは／同じ姿でゐてたもれ

四　カチューシャかわいや／わかれのつらさ
つらいわかれの涙のひまに／風は野を吹く日はくれる

五　カチューシャかわいや／わかれのつらさ
ひろい野原をとぼ〳〵と／ひとり出て行く　あすの旅

こうして生まれた「カチューシャの唄」のメロディは、明治大正期の小学唱歌に特有のヨナ抜き長音階に立つもので、西洋風のメロディであった。ヨナ抜き長音階というのは、ファとシのない「ドレミソラ」の五音階のことで、当時音階を「ヒフミヨイムナ」と数えていたため、四番目と七番目のない音階という意味でヨナ抜き長音階と呼ばれた。

メロディには元歌が？

当時の流行演歌は俗謡調や替え唄的なものが多く、唱歌と同じヨナ抜き音階で新しく書かれたオリジナルな流行歌は少なかったため、「カチューシャの唄」はこれまでにない新鮮な流行歌として受け入れられ、「今までの日本のはやり唄にはなかった近代的な旋律」（今西栄造『演歌に生きた男たち』）、「唱歌教育の開始以来はじめて成功した流行歌」（園部三郎『日本民衆歌謡史考』）と評価されている。

ただ、このメロディは晋平の完全なオリジナルではなく、強い影響を受けた曲があった。これについては、晋平自身がのちに、このメロディの冒頭の一楽句は『女学唱歌』の中の「旅のくれ」という外国曲と、梁田《やなだ》貞《ただし》の作曲した「院《いん》の庄《しょう》」という二つの曲に影響されたと述べており、リズムの面では前者に、メロディの点からは後者に近く、「この二つが私の頭の中でいろいろに作用したに相違ない」と説明している（「民謡作曲」）。

繁下和雄《しげしたかずお》によれば、この三曲を比較したところ、出だしの旋律はほぼ同じであるが、「院の庄」のメロディが非常によく似ている。ただ、「カチューシャの唄」はリズムがゆったりとしたテンポで歌いやすく、さらに「かわ〜いや」「とけ〜ぬ〜ま〜と」といったユリ（音を上下動させてひっぱる歌い方）的な要素の多用に特徴があり、

> 唱歌をより俗謡に近づけながら、それとは少し距離をおき、西洋音楽的にまとめあげたところにこの歌の新しさがあった。ここに中山晋平の旋律が都市の中産階級に好まれた理由があろう（園部三郎他『日本の流行歌』）。

と分析している。

劇中歌という仕掛け

ところで、劇中歌のアイデアは抱月が独創的に思いついたものではなかった。そもそも『復活』の脚本自体が抱月のオリジナルではない。

『復活』の脚本は大正三年三月号の『早稲田文学』に発表され（ただし、第四—五幕は梗概のみ）、次いで同月に新潮社から単行本として出版されている。その序文で、抱月はトルストイの原作の他に、フランスのアンリ・バタイユの脚本とビアボム・ツリーのヒズ・マジェスティ座での所演の二つをもとにして再脚色を加えたと述べている。

そして、抱月が参照したバタイユの脚本とツリーの所演との双方において、劇中歌がす

でに使われていた。抱月の参照したバタイユの脚本 *Résurrection* は現在、旧島村抱月蔵本として早稲田大学図書館に所蔵されている。古川晴彦の訳によれば、バタイユの脚本の劇中歌の歌詞は次のようなものであった。なお、最後の「ジ、ジ、ジジピチッチ」とは、ホオジロの鳴き声で雪がとけて春が来たことを表しているという（福田秀一「抱月の『復活』と『カチューシャの唄』」）。

かわいいカトリーヌ／行ってしまっていないよね
会いたいと願いながら／雪のとけるまえに
ジ、ジ、ジジピチッチ

古川はこの歌詞が「カチューシャ可愛や」の歌詞と酷似していることから、従来島村抱月作詞とされてきた「カチューシャの唄」の第一番は、実際にはバタイユの脚本を参考にしたものであり、「完全なる抱月作詞」とは言いがたいと結論づけている（「島村抱月は本当に〈カチューシャの唄〉を作詞したか」）。

また、抱月が詳細な観劇記録を取っているツリーの所演においても、「腰かけたまゝカチューシャが、軽く手拍子撃ッて『春は溶けます白雪が』といふやうな恋の歌を低い冴えた調子で歌ふ。男も軽く手拍子取る」といった簡単な描写で、「カチューシャの唄」に似た劇中歌の存在が記録されている（『抱月全集』第七巻）。

ただ、この点については、抱月自身がすでに大正四年の新聞記事中で、「『カチューシャの唄』は言ふまでもなく歌詞音譜とも創作です、バタイユの脚本にたゞ一首だけ似たものがありますが」（『読売新聞』、以下新聞名は『読売』『時事』等略称を用いた、三月一七日）と述べて、歌詞の一番がバタイユのそれに似ていることを認めている。

このように、最近の研究から、劇中歌のアイデアが抱月の創案によるものではないこと、歌詞も抱月の完全なオリジナルとはいえない事実が明らかになってきている。その意味では、生明俊雄《あざみとしお》が指摘しているように（『ポピュラー音楽は誰が作るのか』）、抱月の貢献はむしろプロデューサーとしての側面、すなわち、劇中歌の制作を決めて、曲調を想定し、さらに中山晋平という新しい音楽の才能を見出し、それらを「カチューシャの唄」という歴史に残る楽曲へとまとめ上げていったプロデューサーとしての才能を評価すべきであろう。

こうして出来上がった「カチューシャの唄」を、抱月は帝劇公演の一〇日以上前から早くも一般に公表し、事前宣伝を始めている。

抱月の事前宣伝活動

芸術座の一員で、のちに作家林芙美子《はやしふみこ》と結婚する田辺若男《たなべわかお》の自伝『俳優』によれば、神田美土代《みとしろ》町の日本青年会館で開催された「芸術座文芸講演会」において、マンドリンの伴奏つきでこの歌が歌われたという。

「復活と芸術座の仕事」（島村抱月）の演題で、抱月の講演のまえに、座員のドイツ系混血女優松島千鳥と私とで、「カチューシャの唄」を歌った。マンドリンの伴奏をしたのは、千鳥がつれてきた慶応の学生であった。

この講演会については、三月一六日付の『時事新報』に該当記事がある。それによれば、この講演会は正確には「第三回早稲田文学講演会」が正しく、片上伸《かたがみのぶる》、小川未明《おがわみめい》、徳田《とくだ》秋声《しゅうせい》の三氏とともに、抱月が『復活』について講演している。

この新聞記事には講演会の開催日時は明記されていないが、『早稲田文学』大正三年三月号の編集記事に、講演会の予告が「三月一四日午後六時より神田青年会館に於て」と掲載されているので、おそらく三月一四日に開催されたものと思われる。とすると、「カチューシャの唄」はこの三月一四日以前に完成しており、抱月は帝劇開幕（三月二六日）の一〇日以上前から、事前宣伝の一環としてこの唄を売り出していたことがわかる。

さらに、抱月の事前宣伝活動は新聞でも展開されている。帝劇開幕の前日の三月二五日の『読売新聞』に、「復活と嘲笑」と題して、抱月および『嘲笑』の脚本家中村吉蔵がそれぞれ公演に臨む抱負を述べている（図5）。この記事で注目されるのは、「カチューシャ

差しあたり、此の二十六日から帝劇でやる「復活」と「嘲笑」とを纏めなくちやならない。之れが焦眉の急務であるために、此の月初から殆ど全日全宵その方へかゝり切でゐました。何にしてもあと二十日あまりといふ所で突發した騒ぎであつたからすぐ其のあとを埋めなくてはならない。それも成るべく前から我々と關係のあつた人が望ましいと思つて、舞臺協會から横川、宮部の二君を借り、遊軍から武田君、内部から中井、田邊、波野の諸君を合して、それに松井君を加へ、おも

徹底した情味といふよりも、むしろ一齣々々に完成した情味のある劇だと思ひます。言はゞ一幕物を五種一貫の思想で聯絡したやうな味になるだらうと思ひます。「マグダ」と「ハイデルベルヒ」を搗き合せたやうな所もあります。

第一幕と第四幕に女主人公カチューシヤと其妹分のフョードシアといふのが歌ふ歌があります。之は原作の小説には無いのですが、フランスの脚色本にあります。但しそれは一つであるが、今度はあと四つばかり加へて、五つの小曲を交

カチューシャのうた

＊

カチューシヤかわいや、
わかれのつらさ、
せめて淡雪《あわゆき》とけぬ間さ、
神にねがひを、かけましよか。

＊

カチューシヤかわいや、
わかれのつらさ、
今宵《こよひ》ひと夜に、ふる雪の、
明日《あす》は野山《のやま》の路かくせ。

＊

カチューシヤかわいや、
わかれのつらさ、
せめて又《また》逢ふそれまでは、
同じ姿でゐてたもれ。

＊

カチューシヤかわいや、
わかれのつらさ、
つらいわかれの涙《なみだ》のひまに、
風《かぜ》は野を吹く、日は暮れる。

＊

カチューシヤかわいや、
わかれのつらさ、
ひろい野原をとぼとぼと、
ひとり出て行く明日の旅《たび》。

△日本キモノの劇

中村吉藏

日本キモノを捨て、芝居をするといふ事は別に意義はありません。歌舞伎劇も過去の日本キモノの芝居であるし、新派劇も或意味では日本キモノの芝居である。唯かゝる似而非の、常套的な誇張を生命としたり、型を中心としたりしてゐる日本キモノの芝居演出法を離れて、我々の日常生活、――寧ろ常茶飯の味を舞臺上に持來すといふ處に、今後の日本キモノの芝居の新演出法の出發點があると思ひます。

西洋の飜譯劇を日本の俳優が演出する時には、その精神の上にも、形体の上にも、勢ひ自ら幾多の折衷主義や、妥協主義や、不徹底、不透明や、半消化や、半咀嚼やが附き纏ふのは止むを得ない事だと思ひます。この理由の爲めに飜譯劇の演出が悪いといふ事は出來ません。不充分な演出法以上に超越した原作の偉大な生命力は、曇つた鏡面にも太陽が強く反射するやうな強さ、光とを持つてゐます。又、かゝる不充分な演出法も、日本キモノの劇の新演出法の一エレメントを供給してくれる材料を作つて行きます。

併し一面に、日本の新しい俳優は、日本キモノの着方を忘れてゐる者がありはしないか、日本の帯の結び方を忘れてゐる者がありはしないか、日本の座敷へ坐る方法を忘れてゐる者がありはしないか。イヤ、それよりも我々日本人の日常生活の大切な研究を等閑視して、常住坐

図５　歌詞・楽譜を新聞に発表（読売新聞，大正３年３月25日抜粋）

のうた」の楽譜と歌詞が五番まで大きなスペースで掲載されていることである。

中村吉蔵はこのようなプロモーション活動を抱月より先に思いついたのは自分であると述べているが（「芸術座の記録」）、いずれにしても、芸術座の危機打開策として、第三回公演の『復活』においては「カチューシャの唄」を前面に押し出していく戦略が描かれていたのである。

芸術座の紛擾

というのも、この大正三年の三月、芸術座は実は深刻な崩壊の危機に直面していた。三月七日付けの各新聞が「芸術座の紛擾《ふんじょう》」として一斉に書き立てたように、松井須磨子の横暴ぶりを日頃から不満に思っていた男優一〇名が島村抱月に集団交渉し、「一人の須磨子を首切るか、我々十名を首切るか二ツに一ツの返答如何」と詰め寄ったところ、抱月は「多数の十人を捨てゝも一人の松井君を拾はねばなりません」とキッパリ回答したため、男優一〇名が集団で芸術座から脱退したのである（『時事新報』、〈以下、『時事』〉大正三年三月七日）。

稽古の最中に主要な俳優に逃げられてしまった結果になり、一時は公演の開催自体が危ぶまれたが、武田正憲や舞台協会の横川唯治《ただはる》の加入により、何とか開催にこぎつけることができた。

この騒動を通じて、芸術座は明確に松井須磨子というひとりの女優を中心とする、いわゆる「スターシステム」を確立していくことになる。と同時に、抱月はすでに早大教授の職も辞しており、芸術座の公演の成功のために背水の陣を敷く覚悟をかためた。講演会や新聞で唄の事前宣伝に熱心に取り組んだのもそのためであった。

帝国劇場から流行歌誕生

帝劇開幕

さて、いよいよ『復活』の開幕当日である。大正三年（一九一四）三月二六日の夕方五時半、帝国劇場で第三回芸術座公演の幕があがった。三一日までの六日間の公演で、演目は『復活』五幕と『嘲笑』一幕である。『復活』の主な配役はカチューシャに松井須磨子《まついすまこ》、侯爵ネフリュドフに横川唯治《ただはる》、以下、フョードシア（宮部静子）、シモンソン（中井哲）、陪審長（田辺若男《たなべわかお》）である。同時上演の『嘲笑』は芸術座の中村吉蔵《なかむらきちぞう》脚本の喜劇で、須磨子が着物姿で女主人公役を演じている。

さて、残念ながら、現在の私たちはこの帝劇での舞台を見ることはできないので、ここでは島村抱月《ほうげつ》の脚本をもとに『復活』の梗概を幕ごとに要約し、「カチューシャの唄」が歌われる第一幕と第四幕の二か所のせりふを再現してみる。なお、第一幕のみが三場に分かれている（以下、『抱月全集』第五巻による）。

〔第一幕〕

・第一場

侯爵ネフリュドフは寝室でふと一〇年ほど前の田舎の復活祭で知り合ったカチューシャのことを思い出して、眠りにつく。

・第二場（過去の回想場面）

ネフリュドフはトルコへ戦争に行く前に、田舎の叔母の別荘へ行く。その夜は復活祭で、叔母たちはネフリュドフの出陣を祝ってくれた。そして、ネフリュドフは以前からよく知っている女中のカチューシャと昔のことを懐かしく語り合う。

（以下、唄の場面）

ネフリュドフ　実にたまらなくいゝ景色ぢやないか？　斯《こ》うしてお前の手を取つて此の景色の中をいつまでも〳〵あるいてゐたい！　おや〳〵、田圃《たんぼ》にはまだ人が大勢ゐるやうだね？

図6　松井須磨子のカチューシャ

図7　芸術座の『復活』の絵葉書

カチューシャ　あれは隣り村の人たちが復活祭の火を燃やしに来たのでせう。
ネフリュドフ　その前でみんな歌を唄つてるやうだね？
カチューシャ　そしておしまひにお祈りを言ふとそれが一年立たない内にかなふのださうでございます。
ネフリュドフ　お前も一つ歌をお唄ひ。そしてお祈りをして願《がん》をかけやうよ。ね。
カチューシャ　でも、私、できないのですもの。それに叔母さまのお目をさますと大変ですわ。
ネフリュドフ　大丈夫、低い声で歌つたらい丶ぢやないか。お前の名を入れた歌をお歌ひ。
カチューシャ　さうねえ、ぢや歌ひませうか？……(ちよつと考へて軽く手を拍《う》ち)
カチューシャかはいや／別れのつらさ
せめて淡雪とけぬ間と／神にねがひをかけましようか
ジ、ジ、ジジジピチッチ
ネフリュドフ　もう一度、私も歌ふよ。
(二人して手を拍ち低く歌ふ)

・第三場
ネフリュドフは寝室で夢からさめて目を覚ますと、召使から手紙を受け取り、陪審官として裁判所へ出廷しなければならないことを知る。

〔第二幕〕
モスクワ巡回裁判所内審議室で、マスロワという女が商人を毒殺した事件の裁判が行われている。有罪の宣告が下され、マスロワは徒刑囚としてシベリア送りが決まる。マスロワがカチューシャだと気づいたネフリュドフは、カチューシャを救おうと控訴の手続きを行う。

〔第三幕〕
モスクワ監獄の女囚室で、女囚たちがいろいろと身の不遇を嘆き合っている。カチューシャはかつて侯爵ネフリュドフに手ごめにされて百円札一枚を懐に押し込まれて捨てられたことを話す。そこへネフリュドフがやってきて、カチューシャにかつての行いを謝罪して結婚を申し込むが、激しく拒絶される。

〔第四幕〕
監獄内の病室

ネフリュドフのはからいで、カチューシャは妹分のフョードシアとともに女囚室から看護婦の手伝い役へと移される。ネフリュドフは彼女を救おうと奔走するが、結局控訴は却下され、カチューシャのシベリア送りが決まる。カチューシャはフョードシアと別れを惜しむ。

（以下、唄の場面）

カチューシャ　それから此の赤い花のリボン！　これを差して、あの晩教会へ行つたつけ。こんな風にさしたか知ら（鏡に向ひ昔のやうな身づくろひをして見る）こゝいらが襟飾りで一杯になつてゐて……（鏡の中の姿をしばらく見つめてゐて、がつかりしたやうに鏡を投げ出し）あゝ、もう、昔のカチューシャぢやなくなつた！

フョードシア　私、こんどこそ、あの歌を歌つてあげるわ。（低い声で）

カチューシャかはいや／別れのつらさ

せめて淡雪とけぬ間と／神にねがひをかけましよか

カチューシャ　（フョードシアと同音に）

（此の歌をくり返すあひだに幕がおりる）

〔第五幕〕

シベリアの一寒村の駅構内。復活祭の夜、カチューシャは十数人の囚人とともに一寒村に到着した。追ってきたネフリュドフはカチューシャに結婚を申し込むが、カチューシャは汚れた身体を恥じてそれを拒絶し、同じ囚人仲間のシモンソンとの結婚を選ぶ。ネフリュドフは北方であわれな人々のために一生を捧げるつもりであると告げて、二人は永久に別れる。ちょうど復活祭の夜で、鐘と讃美歌を歌う声が響いてくる。

第一幕の唄の場面で、脚本には「軽く手を拍ち」とあるが、地方巡業の際の新聞記事を読むと、実際にも手を打ちながら歌っていたことがわかる。たとえば、米沢の巡業では、「窓の青い月光の下にカチューシャが手を打ち乍《なが》ら『カチューシャ可愛や別れのつらさ』と歌つた」とある（『米沢新聞』、大正五年八月八日）。

福岡での巡業では、この歌い方に対して、「『カチューシャ可愛いや』を歌ふ。全く可愛いが、両手を拍《たた》いて調子を取るのが恰度《ちょうど》『芽出度々々々《めでためでた》の若松様よ』をやつて居る様で、一種の滑稽を覚えた」と評されており（『福岡日日』、大正四年二月一日）、歌のイメージと手拍子がかなりの違和感を感じさせていたようである。

なお、岩町功によれば、地方巡業においては、裁判シーンの第二幕は多くの男優を必要とし、また、動きが少なくて緊張感を欠くためにしばしばカットされたという（『評伝島村抱月』下）。

俗衆にもわかるように

以上が『復活』の梗概である。抱月が経済的危機の打開のために大衆向けを意図しただけに、社会批評的な側面よりもカチューシャとネフリュドフの恋物語に焦点が当てられてわかりやすくできている。各新聞の劇評もわかりやすさを強調するものが多い。ここでは、『都《みやこ》新聞』の評を引いておく。

脚色の仕方は成るべく俗衆にも分るやうに、さうして俗衆にも面白いやうにと狙つたらしい、だからむづかしい芝居を悦ぶ一部の人には不満足かも知れぬが誰が見ても新派のやうにダラシなくなくて、引締つた興味のある芝居だといふ事は争はれぬ（三月二八日）。

ここでのわかりやすさというのは、実際の舞台を見ていない私たちにとっては抽象的にしか理解できないが、本書の冒頭で紹介した大正三年のレコードに録音された松井須磨子の劇中せりふを聞くと、そのわかりやすさが理解できるような気がする。舞台の雰囲気をほうふつとさせるせりふの冒頭部分を再現してみよう。このせりふは第三幕の女囚室で、カチューシャが身の上話をする場面である。

須磨子のせりふ　ああ、聞かそうかね、まず一番にね、私にぶつかってきたのが、私の育ててもらった別荘の若旦那で身分の高い人だったのよ。それがおまえ、ある晩、私を手ごめ同様にしておいてね、あくる朝になって、私の懐へ百円札を一枚押し込んで逃げ出して、それなりに行ってしまって二度と便りをしなくなったんだよ。だけれど、その頃、私お金なんかほしくなかったもんだからね、後からみんなにやっちゃったのさ。

そうしているうちに、私は身重になったことがわかったもんだからね、もう別荘にも居づらくなってしまって、ほうぼうへ奉公に出歩いたが、行く先々の男あるじがもううるさくつきまとうのでね、どこも長続きやしないんだよ。

それからもう一番しまいには、女あるじの家を見つけて奉公したがね、するとそこにはおまえ、惣領息子でね、中学の五年生てのがもう口髭なんか生やしやがって、学校そっちのけに私のあとばかり追い回してるだろ、だもんだから、私がそそのかしてるように母親からにらまれてさ、そこも長続きやしなかったんだよ（以下略）。

「別荘の若旦那」「手ごめ」「百円札」「奉公」「惣領息子」といった調子で、せりふが軒並みに日本風に翻訳されていて、たしかに翻訳劇が初めての人にも非常にわかりやすい。須磨子と反目して芸術座を離れた川村《かわむら》花《か》菱《りょう》は、「まったくの通俗劇で、須磨子のカチューシャも、新劇というよりは新派に近いものだった」と述べている（『松井須磨子』）。新派の人気女形《おやま》河合武雄の影響を受けたとされる須磨子のせりふ回しもあいまって、せりふだけ聞いていると、日本を舞台にした新派劇のように感じられるのは事実である。

では、第一幕と四幕で歌われた「カチューシャの唄」はいったいどのような反響を呼んだのであろうか。

唄の反響

新聞各紙の劇評を読むと、どの評者も必ず唄の場面に言及し、異口同音に唄が非常に印象深く、感動的であったと評している。以下、劇評中の唄の部分である。

・「カチユーシヤ可愛や」の唄哀調が、いかにもしみ〳〵した幕切を見せてゐた（『読売』、三月二九日）。

・侯爵と並び腰掛けて「カチユーシヤ可愛や、わかれの辛さ」を唄ふ愛嬌は流石《さすが》暖かき味あり（『東京毎夕』、三月二九日）。

・フヨードシヤが慰める為めに「カチウシヤ可愛いや別れのつらさ」といふ小唄を唄ふところなどは一寸《ちよつと》感動を与へた（『時事』、三月二九日）。

もうひとつ注目されるのは、各劇評に共通して、「カチューシャ可愛いや別れのつらさ」という冒頭の歌詞が引用されていることである。このことは七・五音を基調とする歌詞が印象的で、特に冒頭部分はリフレインの効果によって人々の記憶に残りやすかったことを示唆している。

なお、「カチューシャ」という名前について、島村抱月は「二番目の発音のチューと言ふ字が可愛いらしいといふ心持に旨《うま》く嵌《は》まつてゐる、（中略）然《しか》も此《こ》の音が日本人の耳に快く響くやうに出来て居るといふのが此名の一般に記憶された理由である」と述べて、名前の音韻的な側面を分析している（『新潟新聞』、大正五年六月九日）。

二度歌われた

しかし、「カチューシャの唄」に関して一般に見過ごされがちであるが、重要な事実がある。それはこの唄が劇中で二度歌われたということである。最初は第一幕で、侯爵ネフリュドフとカチューシャとの甘い恋の場面で歌われ、二度目は第四幕で、殺人の罪を犯したカチューシャが獄中で、かつての無垢な時代を思い出してフョードシアと歌う。

劇中で同じ歌を二度歌うことによって生み出される効果について鋭く指摘しているのは中山晋平である。

歌というもののいみじさは、一つの歌を程経てもう一度味わう場合、必ずその歌につきまとつたもろ〳〵の情景を思い出させずにはおかないものであることだ。私は今でも「蛍の光」と云う歌をきくと必ず小学時代の卒業式を想い出す。このいみじさを巧に捉えたのが此の場面の唄で、観客はこれによつて他の何等のや、こしい技巧を用いずして完全に第一幕のあの桃色の場面を思い浮べることが出来た。そして之れによつて唄そのものの効果も亦《また》倍加されたことはいうまでもない（「カチューシャの思い出」）。

中山によれば、同じ歌をしばらく経ってからもう一度聴いた場合、歌とともにその情景も想起される効果がある。そして、そのことによって歌の効果が倍加する。「カチューシャの唄」は劇中で二度歌われることによって、カチューシャの無垢から罪への転落を象徴する機能をはたし、それゆえに、観客は誰しも第四幕の唄の場面でカチューシャの身の転変に感動し、涙することになるのであった。

しかも、第四幕の唄の場面は、脚本にも「此の歌をくり返すあひだに幕がおりる」とあるように、余韻を残す印象的な歌われ方をしている。この点については、実際にフォードシアに扮した村田栄子の回想が残されている。

村田は大正三年四月の大阪・浪花《なにわ》座の巡業でフォードシアに扮したが、唄の場面について、「あのカチューシャの唄を私が歌ひ、須磨子さんが歌ひ、それから二人で一節だけ合唱しました時、リリンと幕が下りました」と回想している（『妾の半生』）。この大阪巡業の際には、村田の体調が悪かったために唄の場面は短かったが、通常はもう少し長く歌われていたようである。

そして、『東京日日新聞』の劇評によれば、このような演出は余情を残して観客をおおいに喜ばせたという。なお、帝劇では宮部静子がフョードシアに扮した。

獄内病院の場に宮部静子のフョードシアの「カチューシヤ可愛や、別れのつらさ」の歌は、満場の耳をすまさせ黙させる哀調がある。須磨子の声も可なりに聴かれるが、静子のは如何《いか》にも印象がある。此《この》歌が繰返される中に幕が下りて余情を残すなどは殊に観客を歓ばす（大正三年三月二九日）。

二人で合唱

さらに、中山説を発展させていうなら、この歌が二度とも二人で歌う合唱という形をとっていることにも注目する必要がある。最初の場面では侯爵ネフリュドフとカチューシャが、二度目はカチューシャとフョードシアが合唱している。このことは期せずして、「カチューシャの唄」の歌い方のモデルを提示する効果をもたらしている。

次章で取り上げるように、「カチューシャの唄」の広がり方をみるとき、歌を覚えた人が次の人に教えて、人から人へと広がる形式が多く、その過程で複数人が同時に歌う合唱形式が発生してくる。たとえば、学生生徒が学校で集団で合唱するといったケースがしばしば見られるように、「カチューシャの唄」の伝播において合唱というあり方は重要な要素となっているが、そのモデルがすでに劇中で提示されていたことになる。

流行歌の誕生の瞬間

以上、「カチューシャの唄」の誕生過程をみてきたが、もちろん、「西洋のリードと日本の俗謡との中間をねらった」という中山晋平作曲のメロディが優れていたことが流行の第一の要因であったことはいうまでもない。また、『復活』という劇が、当時学生青年層に人気のあったトルストイの原作であったことも重要な要因である。

この他に、「カチューシャの唄」という流行歌の誕生には、以上述べてきたような劇中歌としての次のような要因が関係していたと思われる。①島村抱月による事前の宣伝活動の展開、②劇中で二度感動的な場面で歌われたことによる強い感銘効果、③合唱という歌い方のモデルの提示、④「カチューシャかわいや」のリフレインによる歌詞の覚えやすさ。

このような要因の相乗効果で、劇中歌は観客に強い印象を与え、中山晋平の言葉を借りれば、「観客は眼をかがやかして此の唄を迎えてくれた」という（「カチューシャの思い出」）。そして、容易に想像できるように、彼らはこの唄を覚えようとした。そのような観客の行動を予期して、芸術座では劇場の廊下の何か所かに歌詞を貼り出した。

当時、別の劇団の俳優であった田中栄三は初日に観劇したところ、「幕合に廊下へ出て見たら、南側の廊下の壁に貼り出した歌詞を、ノートへ写している学生が大勢いた」と証言している（『新劇その昔』）。「大勢いた」というのは決して誇張ではなかったようで、中山晋平も「黒山をなした」と回想している。

掲出された唄の前はこれを覚えたてのメロディーで口ずさむ人、或はこれをノートする人で黒山をなした。手軽な唄というものは之れを覚えると不思議に人に聴かせたくなるものである。念の入つたのになると、態々《わざわざ》人に教えなくては気のすまぬ人さえある。これは人間の本能に根ざして居るものらしく、此の本能を満足させる為には先《ま》ず以て自身がそれを完全に覚え込む必要があつた。その為めに七日の興行を四日まで帝劇へ通つたという奇篤な人さえ現われた程で、此の芝居は超満員の裡《うち》に終りをつげた（「カチューシャの思い出」）。

歌を覚えるためには、歌詞はノートに書き写すことができるが、楽譜もレコードもまだ発売されていない時期であったから、メロディの方は毎日帝劇に通ってナマで松井須磨子の歌声を聞いて覚えるしかない。そして、中山の証言によれば、実際にもそのような熱心な観客が現れたのであった。「カチューシャの唄」という歴史に残る流行歌がここに誕生した。

帝国劇場発信型

こうして誕生した「カチューシャの唄」は、それまでの流行演歌にない新しい特徴をいくつか持っていた。まず第一に注目されるのは、帝国劇場から流行歌が誕生している点である。帝劇が流行歌の発信源になり、そこから歌が広がり始めるという事態は、これまでの流行歌の歴史においては初めての出来事であった。ただ、似た例として、大正二年一〇月に自由劇場がやはり帝劇でゴーリキーの『夜の宿』を上演した際に、その歌が流行したケースが存在するが、「カチューシャの唄」とはその流行の規模において比較にならない。

添田知道《そえだともみち》が『演歌師の生活』において、「明治から大正へかけての流行歌は多く路傍から生まれた」と書いているように、この時期は街頭演歌師が流行歌を発信する場合が圧倒的に多かった。演歌師はもっぱら縁日や路上を流しながら、社会の底辺の人々の情感をたくみに歌に歌いあげていった。演歌師の聴衆になったのも貧しい民衆であった。

これに対して、「カチューシャの唄」は劇場のステージから誕生した劇場発信型の新しい流行歌であった。かつて明治二四年に、川上《かわかみ》音二郎《おとじろう》が中村座において日の丸の扇に陣羽《じんば》織《おり》姿といういでたちで「オッペケペー節」を歌って流行させた例があるが、それ以降の演歌師たちは街頭で歌うのみで、劇場で歌うことはありえなかった。代表的な演歌師である添田《そえだ》唖蟬坊《あぜんぼう》も一度名古屋の舞台で独演したことがあるが、「壮士節《そうしぶし》は街頭で怒鳴るもので、小屋の中でやるには適しないのだ」と悟ったという（『唖蟬坊流生記』）。

帝国劇場は明治四四年に皇居前の一等地に開場した白亜のルネサンス様式の洋式大劇場で、旧来からの芝居茶屋を廃止して、場内飲食禁止、切符制度の導入、全館椅子席といった近代的な観劇制度を導入している（嶺隆『帝国劇場開幕』）。

「今日は帝劇、明日は三越」とうたわれ、「帝国」という名前を冠した洋式大劇場から生まれたことによって、「カチューシャの唄」は路上の演歌師から生まれた演歌とはまったく異なった出自を持ち、特等席二円、一等席一円五〇銭という高い入場料を払える上中流階層から公認された流行歌としての性格を帯びるようになった。そして、そのことによって、この唄は演歌師の歌に集まる市井《しせい》の民衆とは異なった流行の担い手層を獲得することが可能になったのである。

第二に、舞台の上で歌う松井須磨子は歌手の先駆的存在として位置づけられる。この時期はまだレコード産業が未発達な段階であり、レコード歌手あるいはステージで歌う職業的歌手というものが成立していなかった。周東美材《しゅうとうよしき》によれば、歌を専門にした童謡の公演歌手が最初に登場してくるのが大正九年であるという（『令嬢』は歌う」）。

歌う女優の誕生

松井須磨子の場合も、あくまでも劇中歌として劇の中で歌うことは可能であったが、劇から離れて歌のみをステージで歌うということはありえなかった。その意味で、この時期は歌手の成立以前の時代であったが、劇中歌という形を取っていたとはいえ、ステージで歌う女優松井須磨子は職業的歌手のさきがけとして注目される。

また、それまで流行歌を歌うのは男の演歌師が大部分であった。彼ら演歌師の声は、「あの息苦しくひびく卑俗極まる読売声《よみうり》」「豚の啼声のやうな唄ひ方」と表現されるように、声をつぶした独特の声調であった（添田知道『演歌師の生活』）。そこに新たに登場した松井須磨子という女性の可憐な声によって歌われる歌は、それまでにない非常な新鮮さを人々に感じさせた。たとえ、それがあまりうまくない歌い方であったとしても、むしろ、そのことがかえって人々に親近感を感じさせる効果を生み出したのである。

では、こうして誕生した「カチューシャの唄」はどのようにして流行していったのであろうか。

「カチューシャの唄」の流行過程とメディア

一―二週間で流行発生

公演初日から流行

これまでの研究史では、「カチューシャの唄」の流行発生時期は、帝劇公演の二、三か月後の夏ごろからとされてきたが、最近の研究では一か月後の京都巡業から流行り始めたとされている（倉田喜弘『「はやり歌」の考古学』）。しかし、前節で紹介した中山晋平《なかやましんぺい》の回想に、帝劇の廊下で歌詞を書き写す黒山の人だかりへの言及があることからもわかるように、「カチューシャの唄」は帝劇公演初日から驚異的な速さで伝播していった。

たとえば、のちに三井銀行（現、三井住友銀行）の会長になる佐藤喜一郎は自伝の中で、一高時代の思い出として次のようなエピソードを披露している。

帝劇で松井須磨子《まついすまこ》が「復活」に出演したとき初日に見に行ったものと見えて、夜おそく寄宿舎の庭で早くも「カチューシャの唄」を歌っているのがいたのには驚いた（『佐藤喜一郎追悼録』）。

佐藤が言及しているこの一高生は、おそらく前章でみた帝劇の廊下で歌詞を熱心にメモした者の一人だと思われるが、公演初日の夜に早くも寮の庭で一高生に歌われていたというのは驚きである。

島村抱月《しまむらほうげつ》の母校である早稲田大学でもいち早く唄が流行し始めた。これを広めたのは早大生たちで、その一人木村毅《きむらき》も帝劇公演を級友たちと観《み》に行ったという。抱月に関する座談会で、木村は次のように回想している。

あれ（『復活』のこと―引用者注）が、歌で当ったということはたいへんなもんでね、あれを帝劇へ僕らの級のやつがみんな見に行ってね、あの歌に感心しちゃってね、それで、クラスでそれを歌うということになったんだけど、誰もおぼえているものがないんだ。ただ一人時岡弁三郎っていう音楽学校をすべったのがいてね、これが耳のいいやつで、いっぺん聞いただけで、もうちゃんと譜に取って、みんな彼から教わって、早稲田で歌いだした（稲垣達郎他編『座談会島村抱月研究』）。

「カチューシャの唄」の伝播過程を知る上で、この木村の談話は非常に興味深い。歌詞はメモできるとしても、メロディの方は一、二回聞いただけで覚えられる者はきわめて少なかったことがわかる。そのような状況下では、「耳のいいやつ」、すなわちメロディの記憶力に優れ、採譜できる人物から教わる形で、周囲の者たちも唄を覚えていったのである。また、以上の二つの例から、この唄の流行がもっぱら旧制高校生や大学生といった学生生徒たちから発生していることがわかる。

一週間後には大阪で

次に、新聞紙上でこの唄の流行を報ずる最も早い記事は四月六日付けのもので、これは帝劇の公演最終日（大正三年三月三一日）から一週間と経っていない。しかも、東京から遠く離れた大阪で歌われていたという。

> 須磨子のカチウシヤ　浪花《なにわ》座の次興行（十日より）に開演すべき芸術座の『復活』女主人公カチウシヤに扮する須磨子の技芸はマグダの夫《それ》を偲《しの》ばしむる程の出来なるがそのカチウシヤの運命を憐れむ「カチウシヤ可愛や……」の俗謡が誰言ふとなく既に南地辺の絃歌の間に行はれ居る由（『大阪毎日』、大正三年四月六日）。

「南地辺の絃歌」とあるから、流行に敏感で明治大正の流行歌伝播の主要な担い手グループのひとつであった芸妓《げいぎ》の間に広まっていたことがわかる。記事中にもあるように、芸術座の浪花座興行（実際には遅れて四月一六日から七日間）が予定されていたとはいえ、帝劇公演からわずか一週間後に大阪の芸妓連の間で歌われ始めたというのは、ラジオもまだ出現していないこの時期においては驚異的な早さである。

この時点ではまだレコードの吹き込みもなされておらず、また、抱月・須磨子一行は四月七日ごろ来阪予定で、六日にはまだ来阪していない。ただ、芸術座員のうち中村吉蔵《きちぞう》がすでに四月二日に来阪しており、彼が南地に遊んで芸妓たちに唄を教えた可能性が考えられるが、それにしても、その伝播力の早さには驚かされる。

東京でも流行開始

遠く離れた大阪ですら一週間で歌われ出したのであるから、東京ではさらに一段と広く伝播し始めていた。東京での流行に関する最初の新聞記事は四月一四日付のもので、帝劇公演終了から二週間後である。

今度の芸術座でやつたカチューシャの歌も、近頃あちこちでよく耳にします。或る大学生は、それを覚える為に、二三日続けて芸術座を見に行つたさうです（『読売』、四月一四日）。

大阪の場合にはまだ芸妓連の間に限られていたが、東京では「近頃あちこちでよく耳にします」とあるように、一般社会の日常生活の中で歌われ始めたことがわかる。この点については、中山晋平も同じような観察を残している。

可《か》なり伝播力が早く、帝劇の興行は三月だつたのですが、興行中既に街を歩いて見るとそのメロディーを聞くことが出来ましたが、四月五月と成ると東京中盛んに歌はれるやうに成つてをりました（「演劇及び映画に於ける所謂《いわゆる》主題歌に就いて」）。

しかも、芸術座一行は四月七日以降は大阪に乗り込み、東京を離れているから、「カチューシャの唄」が劇を離れて早くも一人歩きを始めたことがわかる。当初帝国劇場という特定の空間の中で特定の観客を対象に歌われた劇中歌が、わずか一－二週間後には大阪や東京といった都市空間の中で広く歌われ始めるようになっている。流行が発生するまでに一－二週間しか必要としなかったわけで、ラジオもなくレコード化もされていない時期においては驚異的な伝播スピードである。

中山晋平も「唄は燎原《りょうげん》の火の勢いで流行した。最初早稲田三田本郷と学生街に起つた流行の嵐は一ヶ月の後にはほゞ全市を席巻し」たと回想している（「カチューシャの思い出」）。

関西巡業で人気沸騰

芸術座一行は四月七日から東京を離れて、関西巡業に出かけ、大阪、京都、神戸で五月初めまで『復活』『嘲笑』の上演を行っている。

この関西巡業は「カチューシャの唄」の流行にとって、決定的な重要性をもっている。というのも、この巡業で唄の人気が急騰し、さらにレコード録音まで行われているからである。

大阪・京都巡業の反響の大きさについては、抱月自身の書簡が残されている。抱月は興奮気味に京都から中山晋平にあてて四月二七日付で、次のような葉書を書き送っている。

大阪八九分の大入つゞき、京都は三千人からはいる南座《みなみ》三日間満員つゞき、カチューシャの歌大はやり蓄音機にまで入れました（『抱月全集』第八巻）。

定員三〇〇〇人の京都南座を連日満員にするほどの人気ぶりであった。四月二五日付の中村吉蔵宛の書簡でも、抱月は「人気は非常に立つてゐます」「カチューシャの歌蓄音機にまで入れるといふ騒ぎで、人気は何にしても大したものです」と書いており（『抱月全集』第八巻）、『復活』と「カチューシャの唄」の人気がまさに沸騰していたことがわかる。

学生生徒が先導役

では、京阪神でのこのカチューシャ人気を支えていた観客層はどのような人々だったのであろうか。『日出新聞《ひので》』の記事によれば、京都では「吉田辺」（京都帝大、三高などの総称）の学生観客が大半を占めていた。

・南座は愈々《いよいよ》廿四日より開場するが、出演が例の松井須磨子を始めお馴染《なじみ》の連中なり、且《か》つ演物《だしもの》の一番目が杜翁《とおう》の復活といふので吉田辺の人気は素晴しいものである（四月二二日）。

・南座一昨日の初日は大入の好況で学生連その大半を占めてゐるがさすがに観客の種類が違つてゐるのは面白い（四月二六日）。

通常の芝居とは「観客の種類」が異なって、三高の生徒や京都帝大の学生といった「学生連」が大半を占めたという。芸術座の『復活』はそれまであまり芝居を観に行かなかった学生生徒のような新しい観客層を大量に動員していたことがわかる。

では、なぜ学生生徒たちはこのように「カチューシャの唄」に熱狂したのであろうか。それはひとことでいえば、この唄が従来からの街頭演歌とはまったく異なった新しい流行歌だったからである。

「『カチューシャの唄』の誕生」の章で述べたように、「カチューシャの唄」は街頭ではなく、帝国劇場から生まれた。そして、その後、地方においても、大阪の浪花座や京都の南座といったその都市の一流劇場で歌われ、しかも、当時青少年に絶大な人気のあったトルストイの『復活』の劇中歌であり、さらに、縁日の演歌師ではなく松井須磨子という新劇のスター女優によって歌われた。そのことによって、「カチューシャの唄」は従来からの街頭演歌的流行歌の概念を根底からくつがえしてしまったのである。流行歌の一大革新が起きている。「カチューシャの唄」によってもたらされたのは、現在にまで続く「近代流行歌」の誕生であった。

近代日本のエリート予備軍であり、唱歌教育を受けて育ち、近代的感性を持った学生層にとって、泥臭い街頭性を払拭し、唱歌と同じヨナ抜き長音階で書かれたこの新しい流行歌は、それまでにない新鮮で魅力ある存在として映ったのである。「カチューシャの唄」の流行の熱狂的な先導役となり、支持者となったのはこれらの学生生徒たちであった。

ところで、この関西巡業では歌の流行にとって重要な新たなメディアが登場してくる。レコードへの吹き込みである。

レコードによる流行拡大

レコード吹き込み

島村抱月《ほうげつ》が中山晋平《しんぺい》宛の葉書に「蓄音機にまで入れました」と書き送ったのは、京都南座《みなみ》での巡業中においてであり、レコード吹き込みも京都で行われた。このレコード化の経緯については記録が残されておらず、ほとんどわかっていない。ただ、前述したレコード吹き込みに言及した中村吉蔵《きちぞう》宛の抱月書簡の日付が大正三年四月二五日であるから、二三日に京都入りしてから一―二日の間にあわただしく、発売元になった東洋蓄音器というレコード会社の録音スタジオで松井須磨子《まついすまこ》が吹き込んだということらしい（生明俊雄《あざみとしお》『ポピュラー音楽は誰が作るのか』）。

この時吹き込まれた唄は伴奏なしで五番までで、またレコードの裏面には松井須磨子の劇中のせりふが収録されている。発売は五月上旬で、『日出新聞』（五月八日）と『大阪朝日新聞』（五月一一日）に広告が掲載され、「目下各都市ニ於イテ開演非常ノ喝采ヲ博セシ『復活』カチウシヤノ唱歌及科白《せりふ》ヲ吹込ミシモノ恰《あたか》モ劇中ニ在《あ》ルノ感ヲ生ズ」とうたわれている（図8）。この時の音源が現在まで残されており、冒頭に紹介した『創業一九一〇年コロムビアレコードのお宝音楽』にも用いられたものである。

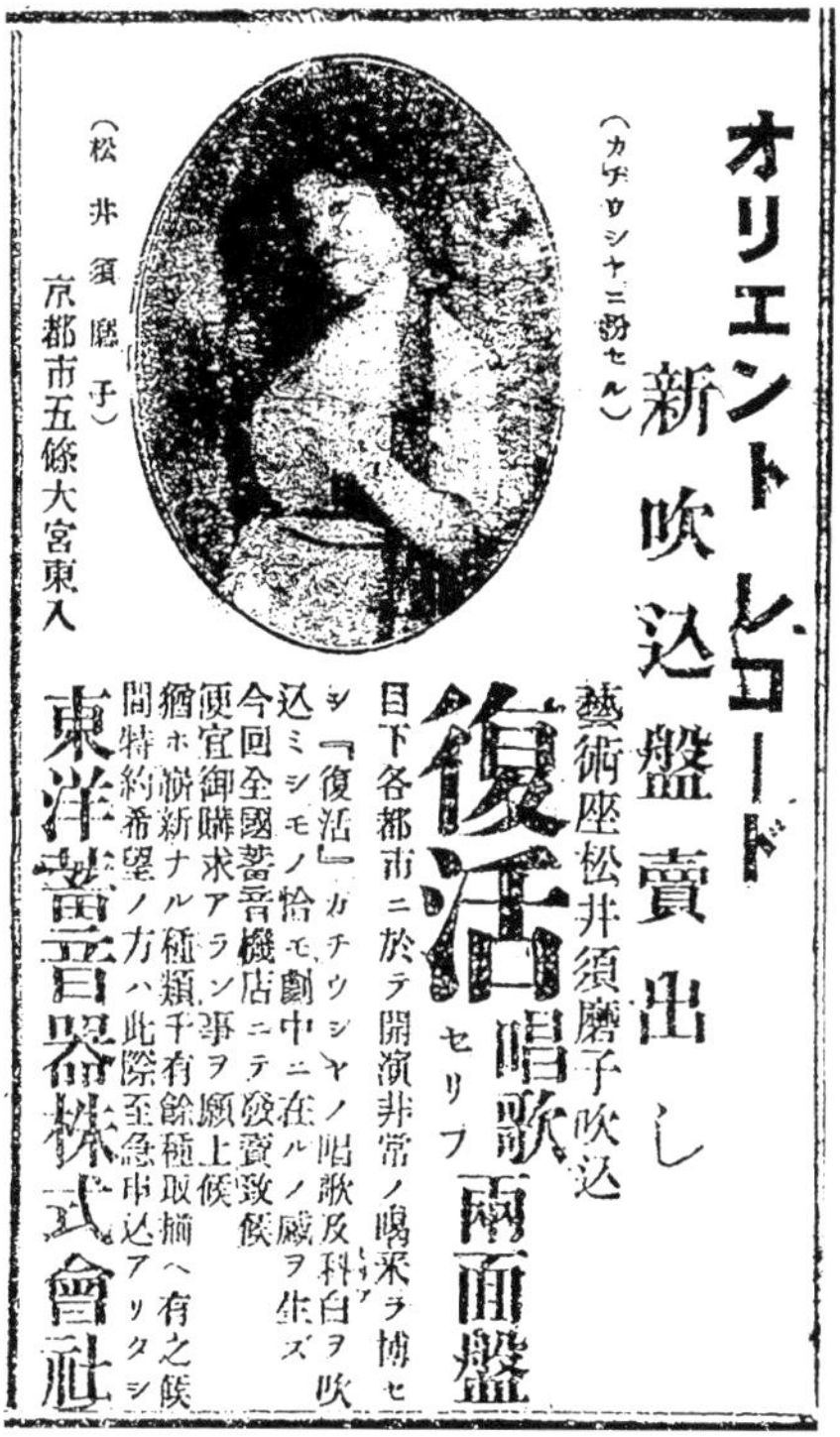

図8　レコード「復活唱歌」の新聞広告
（日出新聞，大正3年5月8日）

ところで、東洋蓄音器という会社は大正元年に設立されたばかりの新興レコード会社で、ラクダ印の「オリエントレコード」レーベルで売り出していたが、業績はふるわなかった。しかし、「カチューシャの唄」と翌大正四年（一九一五）の尾崎行雄《おざきゆきお》の演説「総選挙に就《つい》て」の大ヒットによって、俄然《がぜん》頭角を現わしてきた。中山晋平の回想によれば、財政的危機に直面していたオリエントはこのレコードの売り上げによって立ち直り、後日会社関係者から「オリエントは復活の歌で復活しました」と礼を言われたという（『中山晋平自譜』）。ちなみに、その後大正八年に東洋蓄音器は日本蓄音器商会（のちの日本コロムビア）に吸収合併される。

なお、「カチューシャの唄」のレコード売り上げ枚数は従来二万枚とされてきたが、実際は二〇〇〇枚であったという（倉田喜弘『「はやり歌」の考古学』）。その根拠となった『大阪毎日新聞』の記事は次のようなものである。

最近東洋蓄音機で大当りを占めた松井須磨子の「カチューシャ」などでも高々二千枚位のものであるといふ（大正四年三月一三日）。

ただし、この新聞記事はレコードの吹き込み料金に関する話であり、前後の文脈から判断してこの箇所は「二千円」の誤植、すなわち松井須磨子の吹き込み料が高々二〇〇〇円位であったという可能性も考えられる。

複製盤が横行

　ところで、この時期はまだレコードの著作権は法律によって保護されていなかったため、粗悪で安価な複製盤が横行し、レコード会社は多大の損害をこうむっていた。「カチューシャの唄」の場合にも、この複製盤が実際に出現している。

　過日来、当市稲荷座に於て開演せし松井須磨子が独特のトルストイ原作復活劇「カチューシャ」の唱歌及び台詞《せりふ》を京都東洋蓄音器株式会社にては先般両面盤として製造し、各地の有名なる蓄音機店より販売せしが、粗製品ある由につき買求めの際は「オリエントレコード」の商標「ラクダ印」に注意を要すといふ（『関門日日』、大正四年二月二二日）。

「粗製品」、すなわち複製盤が出現していたことがわかるが、ただ、別の面からみれば、こういった複製盤の横行はそれだけ唄の流行範囲の拡大に貢献したということもできる。しかし、レコード会社にしてみれば、そのまま見過ごすわけにもいかないということで、著作権法を改正する動きが進み、大正九年にようやく著作権法改正が実現し、レコードの著作権が保護されることになる（森垣二郎『レコードと五十年』）。

また、カフェ等の蓄音器でも盛んに「カチューシャの唄」のレコードがかけられていた。

今夏到る処の人群にカチウシヤ可愛いやの歌を聞かざるなく気のきいたカツフエーの蓄音器に須磨子の独唱の音譜を聞かせないものはない程である（『北海タイムズ』、大正三年九月一〇日）。

カフェ・露店で流す

カフェは明治末、大正以降急速に普及し始めたが、こういったところで流行歌が流され、それによってさらに歌が広く普及していったことがわかる。

また、露店でも「カチューシャの唄」のレコードが流され、客を集めていた。これは縁日で客を集める演歌師のスタイルをまねたものであろう。秋田の露店では、カチューシャは西洋の華族のお嬢さんで馬丁《ばてい》と不義をしたことになっていた。

一昨夜通町の何かの露店で蓄音器を鳴らして客を集め、「これからカチユーシヤをやります……カチユーシヤと云ふは西洋の華族のお嬢さんで其の馬丁と不義をした……」などと盛んに得意になつて喋《しやべ》舌つてゐた（『秋田魁《さきがけ》』、大正四年八月二七日）。

このように、複製盤の存在やカフェ・露店でのレコード演奏等をも考え合わせると、レコードはその売上枚数以上の影響力を発揮していたように思われる。

レコードによる宣伝

四月の関西巡業のあと、芸術座は五月末から長野、富山、金沢の巡業に出かけた。須磨子の出身地である長野はもちろん、どの巡業地でも大変な盛況続きで記録破りの興行であった。

長野「非常の盛況なりき」（『信濃毎日』、五月三〇日）
富山「富山劇壇空前の大入り」（『富山日報』、大正三年六月八日）
金沢「初日より連日満員の大人気」（『北国《ほっこく》新聞』、六月一三日）

このうち、長野の巡業で注目されるのは、発売されたばかりのレコードがさっそく宣伝に使われていたことである。『信濃毎日新聞』によれば、開演に先立って開催された文芸講演会の余興として、「カチューシャの唄」のレコードが流されている。

余興とでも云ふのか復活劇中の須磨子のカチューシャが唄ふ、『カチューシャの歌』を蓄音機で聴かされる。流石《さすが》は舞台監督の如才ないものだと、飛んだ所で随喜の涙が溢れた（『信濃毎日』、五月二九日）。

文芸講演会は事前宣伝として各地の巡業先で開演前に開催され、抱月や中村吉蔵などの芸術座関係者が講演しているが、レコードで唄を聞かせるという例はこの長野の場合が初めてである。

学生生徒と演歌師——流行の担い手

学生生徒の愛唱歌に

芸術座は北陸巡業を終えて六月下旬に帰京したが、帝劇での唄の発表から三か月目に入ったこの頃には、東京の学生間における「カチューシャの唄」の流行は早くもピークに達しつつあった。とりわけ島村抱月《ほうげつ》の母校早稲田では唄が全盛をきわめつつあったという。

此頃《このごろ》早稲田の学生間に（否《いな》全都の学生間にも）抱月先生が脚色された芸術座『復活』劇中の「カチューシャ可愛や別れの辛さ」の唄が今まさに全盛を極めて居ります（『読売』、六月三日）。

と同時に、唄の流行現象が広く社会の耳目を集めるようになり、とりわけ教育界でその悪影響を憂慮し、唄の禁止論が出始めるようになる。

カチュシャの歌が男女学生の間に流行を極めたため、教育者側にてはこれをどうにかして制裁しやうと心配して居るさうである。かの若き男女の心をそゝるやうな恋の歌が、卑しからぬ俗調を帯びた節で歌はるゝのを聞けば、誰しも口誦《くちずさ》んで見たくなる。然《しか》し一面からかやうに流行した跡を見れば、今の学生がいかに唱歌に餓ゑて居るかゞ分る（『読売』、六月二五日）。

ここで、「今の学生がいかに唱歌に餓ゑて居るかゞ分る」という箇所に注目していただきたい。これまで学生生徒たちは寮歌や唱歌以外には、愛唱するに足る歌を提供されてこなかった。「カチューシャの唄」の登場によって初めて、学生生徒たちは彼等自身の愛唱歌といえるものを持つことができたのである。

このように、大正三年六月頃になると、唄の流行の発信源である東京と、芸術座の最初の巡業地である関西を中心に、唄の流行が一高や三高の生徒、早稲田の学生をはじめとする男女学生の間で広く一般化してきており、その勢いは歌の禁止論が出るほどであった。

さらに、六、七月以降になると、学生生徒という枠を超えて、全国各地のさまざまな階層の人々に「カチューシャの唄」ブームはより一層広がり始める。

まず地方への伝播については、芸術座の巡業によるところが大きかった。前述した五月から六月の信州・北陸巡業はどこでも地元をあげての大盛況であったが、このような巡業の盛況ぶりが結果として、劇中で歌われる「カチューシャの唄」の人気をその巡業地で広めることにつながった。実際にも富山では巡業がきっかけで唄が非常な勢いで流行し始めたという。

殊に松井須磨子《まついすまこ》の評判は山間僻地をも風靡《ふうび》しカチューシャの小唄は北陸人の趣味に投合した哀調として非常な勢ひで流行し始めた（『北陸タイムス』、六月七日）。

しかし、ここにもうひとつ面白い現象が生じてきている。それは巡業が始まる前から早くも、「カチューシャの唄」が流行し始めていたという事実である。これについては、抱月自身が次のように新聞で述べている。

帝劇の興行後此《この》復活を持つて大阪から岐阜、信州、北越地方等を巡業して来たが何処《どこ》へ行つても行く前にカチューシャの唄が流行つて居て社会の有ゆる階級に歌はれて居るのに驚いた（『樺太日日《からふと》』、七月三〇日）。

ただ、巡業開始前のこの流行現象については、六月段階では地方新聞による事前報道の効果と考えられる。巡業の始まる一―二週間前から地元の新聞が連日のように須磨子の写

巡業による伝播

真入りで「錦を飾る須磨子」（『信濃毎日』）、「芸術座来らん」（『北国《ほっこく》新聞』）と大々的に報道したために、巡業前から芸術座ブームが巻き起こっていた。芸術座の一番の呼び物である「カチューシャの唄」の歌詞や楽譜も地元の新聞紙上で紹介されている。このような事前キャンペーンの結果、芸術座の到着する前から唄が歌われ始めていたのである。

巡業地以外でも流行

しかし、さらに注目されるのは、芸術座の巡業地以外の地方においても、六月以降「カチューシャの唄」が流行し始めている点である。たとえば小《お》樽《たる》はまだこの時点では芸術座が巡業していない都市であったが、『小樽新聞』は「カチユシヤ可愛やの唄がもう小樽に流行つて来た」と題して、次のように報じている。

芸術座の松井須磨子は帝劇の「復活」でカチユシヤに扮し、恋人の侯爵で一青年士官と別れの握手を交はし乍《なが》ら、銀鈴をふるやうな美しい声を張り上げて「カチユシヤ可愛や」の歌を唄つた、すべて新しいものに憧るゝ東京の学生はその新しい形式の歌に酔つて凄まじいばかりの勢ひで流行した、それが今小樽にも輸入されて高商や中学の上級生の間に盛んに愛唱されて居る（六月二七日）。

芸術座の巡業がない都市においても、唄が流行し始めている。そして、その際に地方における流行の担い手となったのは、東京や京都の場合と同様にここでもやはり学生生徒であった。新しい流行に敏感な小樽高商の生徒や中学上級生といった青少年層が「カチューシャの唄」の「輸入」役となっている。これはおそらくレコードや後に述べる演歌師等の人的経路を通じて唄を覚えた生徒から他の生徒へ伝わっていったものと思われる。

学生生徒という伝播装置

学生生徒に関しては、かれらの人的移動、すなわち夏休み等の帰省による流行の移植についても注目する必要がある。すなわち、東京や関西等の学校から帰省してきた学生生徒が地元の友達に唄を教えることによって、唄の流行がその地方に移植されるといった伝播《でんぱ》形態である。この点については中山晋平自身も、「夏休みが来ると帰省する学生たちによつて全国に拡大された」と述べている（「カチューシャの思い出」）。

大正三年度の『第一高等学校一覧』を見ると、夏季休業は七月一一日に始まっているから、七月中旬以降は帰省する学生生徒という人的伝播装置を通じて、全国に唄が伝わっていった。

たとえば作詞家藤浦洸《ふじうらこう》は当時、長崎県の離島に住む中学三年生であったが、大正三年の夏休みにはもう「カチューシャの唄」を歌っていた。離島に唄が伝わったのは「もちろん、都会の学校に行って帰省した学生が覚えてかえったものであろう」と回想している。歌詞は友達からノートを借りて写したという（『なつめろの人々』）。

以上のように、「カチューシャの唄」の全国的流行過程において重要な役割をはたしたのは学生生徒であった。学生生徒はまず、芸術座の公演・巡業地においては、芸術座劇の熱狂的な観客となることによって唄の流行の火付け役・発生源となった。さらに、巡業地以外においても、学生生徒は唄の輸入役となったり、帰省等の際の人的ネットワークを通じてこの唄を全国に伝播する役割をはたした。

「有ゆる階級」に歌われる

このように、当初「カチューシャの唄」の流行は学生生徒という当時の知的エリート層から始まったが、その後、帝劇公演から半年が経過する大正三年の夏までには、その流行は急速に職業・階層を超えてさまざまな人々に波及していった。前に引用した抱月の七月の新聞談話においても、「有ゆる階級に歌はれて居るのに驚いた」とある。ただ、年齢的には年長者よりも青年層が圧倒的に中心を占めていた。当時女学生であった網野菊《あみのきく》は、御用ききの少年青年にまで歌われていたと回想している。

丁度、私の女学生時代、松井須磨子によるカチューシャで、「復活」は大ばやりだった。「カチューシャ可愛いや別れのつらさ」という唄は、御用ききの少年青年が自転車に乗って唄って行ったり、まったく大した流行だった（「カチューシャの唄」）。

大正三年九月号の雑誌『新潮』の「文壇新潮」欄には、「床屋の兄イでも、車夫でも、書生でも、須磨子の名を口にし、カチューシャの歌を歌はぬ者はないと云ふ有様となった」とある。続けて、正宗白鳥《まさむねはくちょう》からの通信として、能登で『カチューシャの唄』を漁師が船を漕ぐ舟歌として歌っていたという例が紹介されている。

本書の後半で紹介する予定であるが、長野県の山奥の小学校でこの唄がはやり、校長が禁止令を出した例や、福岡県の直方《のおがた》の炭坑街で、坑夫とその女房たちが昼休みにこの唄を歌っていた例などからわかるように、「カチューシャの唄」はさまざまな階層にその流行が波及していった。

演歌師という伝播ルート

さて、「カチューシャの唄」の伝播ルートに関して、これまでふれてこなかった重要なルートがある。それは演歌師（当時の呼称では演歌屋）という存在である。明治大正の流行歌の伝播において最も大きな役割をはたしていたのがこの演歌師であった。

演歌師は自由民権運動の退潮後に、演説に代わって歌を手段にして民衆に訴えたため、演歌師と呼ばれるようになった。明治後期以降になると職業化して、街角や縁日ではやりの歌を歌い、歌本を販売して収入としていた。添田知道は、「レコードの発達、ラジオの開始以前には、街頭演歌が唯一の歌謡の伝達機能をはたしていた」と述べている（『演歌師の生活』）。

演歌師による街頭演歌の実例については、いろいろな記録が残されているが、ここでは、大宅壮一《おおやそういち》の大阪府立茨木《いばらき》中学校時代の日記に登場する書生《しょせい》演歌師の例を紹介しよう。中学一年生であった大宅は大正四年の一〇月のある夜に氏神の縁日に出かける。いろいろな露店が出ていて賑やかであったが、ふと暗がりの中から音楽が聞こえてきた。

耳を正せばバイウォリンの音が雑踏の中より聞え来りしかば、馳せ行きしに薄暗き杉木立の中にて青年が二人歌を唄いつつ之《これ》が本を売りつつあるなり。然《しか》してそれが皆聞くもいかがわしき俗歌なり。彼等は堕落書生ならむ。又此《これ》が為青年の風紀を害する事多からん。あな恐るべきかな、学生の堕落！（『大宅壮一日記』）。

ここに描かれているように、演歌師は二人が一組になり、一人が歌を歌い、もう一人が歌本を売るのが一般的なスタイルであった。バイオリンが使われるようになったのは明治四一、二年頃からで、それまでは無伴奏であった。また、ここで大宅少年が率直に表現しているように、演歌師は風紀を乱す堕落書生というようなマイナスイメージを持たれていたことも事実である。

演歌師を通じて歌が人々の間にどのようにして広まっていったのか、そのメカニズムについてはよくわかっていないが、雑誌『演歌』の三周年記念号に寄せられた次の文章が参考になる。ある女工が演歌師から歌を覚えるために、縁日に出かけていく。

「今夜○○歌を覚えてくるわ」と家の近くの縁日には、女工さん達がいそ〳〵と出かけます。而《しか》して翌日、塵埃《じんあい》と煤煙との工場の中で、機械の音響の中で、覚えて来た歌を歌ひます。その歌つて居る間はほんたうに幸福さうです。あらゆる苦悩も忘れたやうに—譜も知らなければ音楽が何んなものかも知らない女工さん達の赤裸々な心の中にも、演歌だけは唯一の音楽として、唯一の娯楽として、唯一の慰安として女工さん達に口吟《くちずさ》まれるのです（添田知道《そえだともみち》『演歌師の生活』）。

縁日の演歌師から歌を覚えてきた女工が、さらに周囲の女工たちに教えるという伝播形態だったようである。ラジオもテレビもない時代には、このような演歌師を通じた伝播形態が流行歌の流布にとって重要な役割をはたしていた。

代表的な演歌師として添田唖蟬坊《そえだあぜんぼう》が有名であるが、彼は『流行歌明治大正史』の中で「カチューシャの唄」の流行形態に関して、次のような注目すべき指摘を行っている。

全国的流行は演歌師から

「カチューシャの唄」（中山晋平《なかやましんぺい》作曲）は松井須磨子が「復活」劇でうたふたもので、

学生などがポツ〳〵うたひ初めた頃から演歌者に依て全国的流行に導かれた。歌詞作曲共に清新な形式で、流行歌に異風を流入せしめた歴史的作品である。

すなわち、唖蟬坊によれば、「カチューシャの唄」は初期においては学生がはやらせたが、それを全国的流行へと発展させたのは演歌師であるという。学生生徒が流行を先導したということの指摘は、ここまで私たちがみてきたこととも合致している。

演歌師の役割については、中山晋平も言及している。晋平は「カチューシャの唄」の楽譜を出版しようとしたが、交渉がスムーズにいかず、結局竹久夢二《たけひさゆめじ》装丁による三色刷りの楽譜を大正三年六月一日に早稲田の敬文堂から自費出版した。

定価はたゞの五銭、評判は悪くなかつたのだが、書店の主が慎重居士《こじ》でいたずらに大事をとつてゐる間に、町の赤本屋《あかほん》や演歌師にすつかり食われて仕舞つた（「カチューシャの思い出」）。

赤本屋や演歌師が出版した歌本のせいで、晋平の楽譜の方はあまり売れなかったというわけである。

歌の伝播という視点からみた場合、町の辻々で大勢の聴衆の前で歌いながら歌本を売る演歌師という存在は、メロディと歌詞の両方を提供するわけで、まさに「人間レコード」(加太《かた》こうじ『流行歌論』)という異名にふさわしい役割をはたした。「カチューシャの唄」の全国的流行にも、この演歌師が重要な役割をはたしたことは間違いない。加太こうじもレコードよりも演歌師の影響力を重視している。

当時はレコードでの普及よりも、街路や空地《あきち》、縁日、祭礼などでうたって歌の本を売る演歌師によって、『カチューシャの唄』は普及したのである(『流行歌論』)。

楽譜・歌本・絵葉書

ところで、さきほどからしばしば登場している楽譜・歌本といった印刷メディアも、唄の重要な伝播ルートであった。というより、レコードの普及以前においては、新しい歌の発表はまず楽譜や歌本の出版という形を取るのが常であり、流行歌の中心的な伝播メディアとなっていたのは楽譜・歌本であった。

先ほど引用した晋平の回想では楽譜はあまり売れなかったとあるが、実際には晋平の楽譜は記録的な売れ行きだったようである。『読売新聞』の推計によれば、発売後三か月しか経っていない九月段階で晋平の楽譜の発行部数は七万八〇〇〇部に達し、鉄道唱歌以来の売れ行きで、これに赤本や歌本類も合わせた総発行部数は一四、五万部に達する勢いであったという（『読売』、九月一三日）。

楽譜・歌本以外にも、「カチューシャの唄」の歌詞と楽譜は新聞や雑誌にも頻繁に掲載されている。目についた限りのものを次にあげてみる。

『読売新聞』大正三年三月二五日、『音楽世界』大正三年五月一五日、『北陸タイムス』大正三年五月二八日、『富山日報』大正三年六月三日、『北国新聞』大正三年六月六日、『横浜貿易新報』大正三年七月九日、『函館新聞』大正三年八月三〇日。

なお、印刷メディアのひとつである絵葉書でも「カチューシャの唄」はよく売れており、大正四年の『読売新聞』に、「カチューシャなどは一時仲々出たし、此頃《このごろ》でもまだぼつ〳〵売れ足があるさうで、絵葉書屋の好い弗箱《どるばこ》ださうです」という記事がある（八月四日）。

また、大正七年の熊本県隈府《わいふ》（現菊池市）から出された抱月の書簡にも、「此辺の本屋にあの唄を一枚〳〵に絵を入れてすつたものが絵葉書で出てゐるが、あれは東京で出したものですか」という一節があるように（『抱月全集』第八巻）、「カチューシャの唄」の絵葉書は全国的に流通していたようである。

さて、芸術座の巡業の方に戻ろう。三月末の帝劇での公演以降は地方巡業が続き、東京近辺での『復活』公演はしばらく行われていなかったが、この間に、すでにみたように『復活』の人気が沸騰していた。

現代を語る資格なし

この人気を背景に、横浜公演が七月一〇―一一日に羽衣座で行われた。この公演は横浜貿易新報社がスポンサーとして賛助し、紙面上で劇の梗概や「カチューシャの唄」の楽譜と歌詞を紹介して、大々的に取り上げている。その社告の一節にいわく、

今春帝国劇場に上演以来各地に巡業して無前の好評を博し、須磨子の唇頭に発する村嬢カチューシャの愛歌は、都鄙《とひ》青年男女秘琴憧憬《しょうけい》の表象となり、青年男女にして「カチューシャ可愛や……」を謡《うた》ひ得ざれば現代を語るの資格なきに至れり（七月七日）。

「カチューシャの唄」を歌えない青年男女は現代を語る資格なしといっている。また、文中に「都鄙青年男女」とあるように、青年層が流行の中心的な担い手とみなされている。

この横浜公演の前日には、例によって、島村抱月と中村吉蔵らによる文芸講演会が開かれ、蓄音器で「カチューシャの唄」と須磨子のせりふのレコードが流されて前景気をあおった。そのかいあって、公演は満員の盛況であった。

横浜公演の一週間後の七月一七日には、いよいよ東京で帝劇に次いで二度目の公演が始まった。しかも、この公演は劇場ではなく、大正博覧会の演芸場という大衆的な舞台で行われた。

大正博公演に観客殺到

大正博覧会は大正天皇の即位を記念して、大正三年の三月二〇日から七月三一日までの四か月間にわたって上野公園で開催された。演芸場が博覧会場内の一角に設けられ、芸者の演奏をはじめさまざまな演芸が行われていた。

しかし、実は大正博覧会はそれまで観客の入りが非常に悪く、人気劇団である芸術座を呼んだのもその挽回策のひとつであった。芸術座の『復活』公演は五〇銭という大衆料金で昼夜二回、七月一七日から二〇日までの四日間の予定であったが、期待以上の観客動員力を発揮した。

『都《みやこ》新聞』の報道によれば（七月二〇日）、「夜は涼みがてらの人出多く殊に演芸場は松井須磨子の人気で開会以来のレコードを破るほど」の観客を集めたという。そのため、一日日延べして二一日までとなったが、この二一日の混雑ぶりがまたすさまじかった。

夜の部の開演予定時刻の二時間前から、昼間の入場者が殺到してすぐに満員札止めになってしまった。そのため、新たに入場してきた夜間の入場者は札止めでまったく入場できないため、不穏な雰囲気が漂うほど殺気立ってきたという（『都』、七月二一日）。

結局、演芸場側では二四日までさらに三日間の日延べを約して何とかその場をおさめた。『復活』と須磨子の人気が極限にまで沸騰していたことがわかる。博覧会というさまざまな年齢・職業・階層の観衆が集まる場において、芸術座の『復活』と「カチューシャの唄」はいまや圧倒的な大衆的人気を獲得していた。中村吉蔵は、「連日木戸口から返された客が幾百に上るといふ新劇空前の大盛況で、『復活』劇の人気は此時《このとき》殆《ほと》んどクライマックスに達した観があつた」と回想している（「芸術座の記録」）。

なお、東京ではその後、九月にも読売新聞社の主催によって東京座で『復活』の公演が行われたが、やはり観客が殺到し、連日数千人が入場できずに帰るというありさまであった。観客は男女学生が全体の四、五割を占め、家族連れでの来場も多かったという。これらの観客は須磨子の歌声に合わせて、「カチューシャの唄」を大合唱する熱狂ぶりであった（『読売』、大正三年九月二二・二八日）。

以上のような横浜、大正博、東京座という東京近辺での三回の公演は、『復活』と「カチューシャの唄」の圧倒的な人気ぶりを東京市民の目に可視的に強く印象づける効果をもたらした。

映画化による後追い効果

キネトホンの撮影

この人気ぶりに目をつけたものであろう。大正博公演の一週間後の大正三年七月末に、ついに映画の撮影が行われている。松井須磨子《すまこ》が「カチューシャの唄」を歌う場面のみを撮影した三〇分程度の短い映画で、流行歌を映画化した最初の例とされている。七月二八日付けの『読売新聞』の記事によれば、撮影したのは日本キネトホン株式会社で、撮影は日比谷公園近くの内幸町の同社撮影所で行われた。

『復活』の舞台の中から第三幕の監獄の場面のセットが作られ、そこにカチューシャに扮した須磨子が現れて唄が録音される。録音の模様は次のようであった。

此《こ》の須磨子が卓の前の安楽椅子へ疲れたやうに腰を下すと須磨子の鼻先へ声を受ける蓄音器の喇叭《らっぱ》が朝顔形を大きく開いてゐる、蓄音器には小さな車が付いてゐて一間計《ばか》り背後の撮影器は細い糸で連絡を付けてある、写真と声とがピッタリ合ふのは一つは此の糸の作用で糸を動かす機械は小さい精巧を極めたものだ、そして其の機械からはキリ〳〵と軽いささやかな音が響いて「カチウシヤ可愛やーわかれーの辛ーさ……」と響に連れて須磨子と歌とがフイルムへフイルムへと取られて行つた、五節の歌を唄ひ終ると又カチと響いて機械がハタと止まる、時間は約三〇分、撮影費全部で五百円が此の三〇分で消えて行つたのだ、「八月初旬から市中で映写致します」と藤沢取締が弁士のやうな事を云つてゐた。

この映画はキネトホンと呼ばれるもので、記事中にもあるように、撮影器と蓄音器を連結して、映像と音声が同期するように仕組まれたものである。エジソンが一九一三年（大正二年）に発明し、トーキーの前駆的形態として位置づけられるが、その後は発展せずにすたれてしまう。

日本キネトホン株式会社ではアメリカのエジソン研究所にいた岡部芳郎《おかべよしろう》を技術部に招いて、十数タイトルのキネトホンを製作した。その一つが「カチューシャの唄」であった

（田中純一郎『日本映画発達史』第一巻）。

映画は八月一日から浅草の日本座で公開された。『二六新報』の新聞広告では、「復活特別興行カチューシャの唄」「須磨子嬢のカチウシヤの唄」とうたわれている。八月一三日には「満員日延」とあり、八月二六日まで上映され、かなりなヒットを記録したようである。

正宗白鳥《まさむねはくちょう》も散歩の途中で、「須磨子のカチューシャの唄を聞かうかと、日本座の前で足を留めたが、つひに行過ぎた」と書いているように（『読売』、八月二九日）、この映画の観客は『復活』劇よりも須磨子と彼女が歌う「カチューシャの唄」がお目当てであった。

こうして、「カチューシャの唄」は五月のレコード化に加えて、八月には新たにキネトホンという歌と映像の再生メディアを持つことになり、伝播ルートはさらに数を増した。もっとも、このキネトホンの「カチューシャの唄」は新聞広告等で見る限り、東京以外の地方での上映が確認されておらず、レコードほどの伝播力はなかったようである。

日活映画も大ヒット

映画に関しては、上述のキネトホンに続いて、日活が『カチューシャ』（細川喜代松《きよまつ》演出）を製作し、大正三年（一九一四）の一〇月三一日から浅草三友館《さんゆう》で封切っている。カチューシャに扮したのは松井須磨子ではなく女形《おやま》の立花貞二郎《ていじろう》で、関根達発《たつぱつ》がネフリュドフに扮している。弁士大蔵貢の回想によれば、東京の葵館で上映された際には、唄の場面でバイオリンのソロの伴奏で若い女性の歌い手が歌ったという（『読売』、昭和三三年七月五日）。

この映画が非常なヒットを記録したため、日活では引き続き『後のカチューシャ』『復活』を製作し、それぞれ翌大正四年一月と一〇月に同じく浅草三友館で公開している。以上の三作で、日活は一六万円以上の巨額の利益をあげたという（田中純一郎『日本映画発達史』一巻）。

これらのカチューシャ物の映画においては、トーキー出現以前であるから、「カチューシャの唄」は別の女性歌手がナマで歌っているが、画面上の動作と音楽と唄とを同調させるのは意外に難しかったようである。

嘗《かつ》て浅草の三友館でカチュシャの写真を視た人の話を聴たが、カチユシャの動作と、音楽と、歌はれる歌と、一切支離滅裂で少しも全体の統一がつかない為に、誠に面白くなかつたと言て居た（「活動写真の音楽」『音楽界』大正四年二月）。

ただし、熊本の世界館では、歌が素晴らしくて映画以上に観客に受けたという。

世界館でやつて居る「後のカチューシャ」は写真も鮮やかであるが夫《そ》れよりもカチュ

ーシャの歌を唄ふ娘の声が美しく可愛らしいので見物中には此の歌に引入れられて覚えず手巾《ハンケチ》を絞る者もある由（『九州日日』、大正四年四月二四日）。

映画によるブーム拡大

日活製作の一連のカチューシャ映画は、大正三年一一月以降全国の地方都市でも上映されている。目についた限りでの大正三—四年の地方都市での上映状況は次の通りである。

京都・富士館『カチューシャ』（大正三年一一月二一日—）
名古屋・太陽館・中央電気館『カチューシャ』（大正四年一月九日—）
岡山・岡山倶楽部『カチューシャ』（大正四年一月一八日—）
広島・太陽館『カチューシャ』（大正四年三月二一日—）
熊本・世界館『後のカチューシャ』（大正四年四月二二日—）
神戸・世界館『後のカチューシャ』（大正四年六月三日—）
高岡・電気館『カチューシャ』（大正四年六月二七日—）
沼垂《ぬったり》（新潟県）・沼垂座『カチューシャ』（大正四年八月六日—）

ただ、これまでみてきたように、最初の日活映画が東京で封切られた一〇月三一日の時点では、すでに「カチューシャの唄」の流行はピークに達した後であった。その意味で、

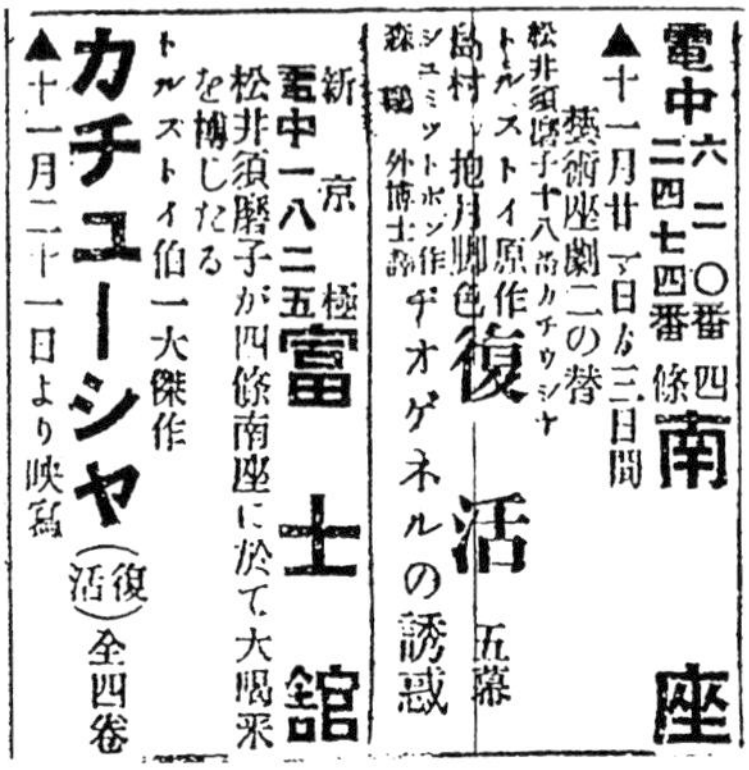
電中六二〇番 二四七四番 四條 南座
▲十一月廿一日から三日間
藝術座劇二の替
松井須磨子十八番カチウシヤ
トルストイ原作 島村抱月脚色 復活 五幕
シユミツトボン作 森鷗外博士譯 ヂオゲネルの誘惑
電中一八二五 新京極 富士館
松井須磨子が四條南座に於て大喝采を博したる
トルストイ伯一大傑作
カチユーシヤ（復活）全四巻
▲十一月二十一日より映寫

図９　京都で映画と演劇の同時公開
（日出新聞，大正３年11月23日）

流行歌「カチューシャの唄」を生み出す原動力としては映画は時期的に登場が遅すぎたといえる。

とはいえ、芸術座の地方巡業の際に、映画が相乗効果を発揮して「カチューシャの唄」ブームをより一層拡大させたことはたしかである。名古屋の例をあげると、大正四年一月九日に日活映画『カチューシャ』が複数館で上映され、人気盛況となった後に芸術座の巡業が始まり、大成功をおさめている（『新愛知』、大正四年一月二四日）。

他方、柏崎では、芸術座の巡業が終わった後に日活映画『カチューシャ』が上映されて大当たりだった（小熊三郎『柏崎活動写真物語』）。京都では、映画と巡業の時期が同時であった（図９）。芸術座の巡業がなかった都市においても、映画によって「カチューシャの唄」に接する観客も多かったから、映画の影響力も決して小さくはなかった。

以上、「カチューシャの唄」の伝播《でんぱ》ルートとして、これまでに登場したものをふり返ってみると、①芸術座の公演・地方巡業、②人から人への伝播、③レコード、④演歌師、⑤楽譜・歌本、⑥キネトホン・映画があげられる。また、当時最も重要なマス・メディアであった新聞（全国紙・地方紙）も『復活』の公演・巡業と唄の人気ぶりを報道することによって、流行の増幅的効果をもたらした。これらの新旧メディアが相乗的に作用して、「カチューシャの唄」の流行が作られていったと考えられる。

新旧メディアの相乗効果

この点に関して、昭和四年（一九二九）のある雑誌に中山晋平《なかやましんぺい》が「はやり唄問答」という記事を書いている。これは流行歌の生まれる過程について、客と主人との対話体形式で書かれたものであるが、その一節に次のようにある。

客　一つの唄が、だん〱と流行つてゆく過程はどんなものなのですか。

主人　楽譜が出る。ステージで唄はれる。若《も》しくはえんか師に唄はれる。受ける。蓄《ちく》音器《おんき》のレコードが出来る。花柳《かりゅう》界が唄ふ。物によつては映画がそれに油をかける……と云つたやうな順序になりませうか。

「カチューシャの唄」の場合には、楽譜出版より先にまず劇中歌としてステージで歌われた点が異なっているが、あとはほぼ同じ過程をたどっている。というよりむしろ、ここで中山晋平が典型的な流行歌の誕生過程として想定している楽譜・ステージ・演歌師・レコード・花柳界・映画といった新旧メディアを動員した流行歌の最初の例が、大正三年の「カチューシャの唄」誕生だったといえる。「流行歌第一号」といわれるゆえんである。

ただし、本書でこれまでみてきたように、この大正初期においては、レコードや映画といった新しいメディアの影響力はまだまだ限定的・後追い的要因にとどまっていたように思われる。それよりもむしろ、流行の担い手となった学生生徒や演歌師にみられるように、人から人への直接的な伝播の方がより重要な役割をはたしていた。

もうひとつ、従来あまり指摘されてこなかったが、芸術座の公演・地方巡業の重要性についても改めて注目する必要がある。それまでの街頭演歌には存在しない公演・巡業というチャンネルを持つことによって、「カチューシャの唄」は劇場に集まってきた日本中のおおぜいの観客に、松井須磨子のナマの歌声を聴かせることが可能になった。

そして、須磨子の歌う「カチューシャの唄」に全国各地で多くの観客が熱狂することによって、また、その熱狂ぶりが新聞紙上で大きく報道されることによって、現在のコンサートの聴衆の熱狂と同様に、唄の流行を最も可視的な形で人々に広く知らしめる効果がもたらされた。そして、そのことがさらに流行を加熱させていくことになる。

須磨子の年

雑誌『演芸画報』の大正四年一月号の記事「当代女優月旦」によれば、大正三年一年間の新聞雑誌記事の活字数で比較すると、松井須磨子に関する記事は人気宰相大隈重信《おおくましげのぶ》に次いで多かったのではないかという。さらに、「裏店《うらだな》の餓鬼から片田舎の船頭までカチューシャの歌を唄い」、須磨子の芝居の台本も非常な勢いで売れ、なかでも『復活』は四万部近い売れ行きだったという。大正三年という年は、あたかも松井須磨子と『復活』と「カチューシャの唄」の年であったといえよう。

しかしながら、「カチューシャの唄」の流行は大正三年のみですたれていくわけではない。むしろ、この唄は大正四年以降も、芸術座の地方巡業によって日本全国の津々浦々から朝鮮・満州の奥地にまで広められていった。「カチューシャの唄」の流行が一時的なブームで終わることなく、長期にわたる全国的な流行へと成熟していったのは、レコードや映画、演歌師の影響と並んで、この地方巡業によるところが大きかった。

そこで、次に、芸術座の地方巡業を通じて、「カチューシャの唄」が地方の人々にどのように受容されていったのかをみていこう。

地方巡業と唄の再発見

芸術座の地方巡業経路

五年間の地方巡業

芸術座は大正三年（一九一四）から七年まで五年間にわたって精力的に地方巡業を続けている。北は北海道旭川から南は鹿児島まで、また、朝鮮・満州・台湾から革命前夜のロシアまで、巡業した都市は一九五か所、公演日数は八八〇日に及ぶという（「芸術座の事」『抱月全集』第七巻）。

さらに、実現には至らなかったが、島村抱月《ほうげつ》は米国と欧州での巡業にも強い意欲を持っており、地方新聞の取材に、「芸術座の渡米も久しき問題にて米国の帰途、欧羅巴《ヨーロッパ》に立寄らんとする計画が戦争の為実行するに至らず、戦争の終局まで待つべきか否かに付き考慮中なり」と答えている（『福岡日日』、大正七年二月九日）。

芸術座は年に一―二回新作の劇を東京の帝劇や大阪の浪花座といった主要劇場で公演した後に、それを持って地方巡業に出かけるというパターンをとっていた。『復活』を上演した第三回公演以降の上演演目は次の通りである。

第三回（大正三年三月）『復活』『嘲笑』（東京―帝国劇場）
第四回（大正三年一〇月）『クレオパトラ』『剃刀《かみそり》』（東京―帝国劇場）
第五回（大正四年四月）『其《その》前夜』『飯』『サロメ』（東京―帝国劇場）
第六回（大正五年一月）『真人間』『清盛と仏御前』『興論』（大阪―浪花座）
第七回（大正五年九月）『アンナ・カレーニナ』『爆発』（東京―帝国劇場）
第八回（大正六年三月）『ポーラ』『お艶《つや》と新助《しんすけ》』『エジポス王』（東京―新富座）
第九回（大正六年一〇月）『生ける屍《しかばね》』『帽子ピン』（東京―明治座）

『復活』を四四回も上演

この五年間の地方巡業において、どのような演目が最も多く上演されたのであろうか。演目別の上演回数については、中村吉蔵《きちぞう》が「芸術座の記録」の中で「芸術座興行目録一覧表」を作成している。

この表について、同じく芸術座の一員であった田辺若男《わかお》は自伝『俳優』の中で、「島村抱月が病床につく直前みずから地図をつくり、歩いた土地に旗をたてたりして、芸術倶楽

表1　芸術座の上演演目

	総上演回数	大正2年	大正3年	大正4年	大正5年	大正6年	大正7年
復活	444		84	106	79	107	68
剃刀	335		24	117	19	114	61
サロメ	127	25		58	42		2
嘲笑	126		51	25	35	11	4
新帰朝者	114				18	46	50
生ける屍	100					22	78
飯	79			55	17	7	
真人間	79				37	42	
帽子ピン	70					24	46
爆発	42				26	16	
熊	35		27	6	2		
其前夜	35			35			
その他	346	42	75	25	105	66	33
計	1932	67	261	427	380	455	342

※大正5，6年の「その他」は岩町功の修正したデータによる（『評伝島村抱月』）

部の事務室に掲げたものを、さらに興行簿によって作成したものである」と説明しており、興行簿という一次資料に基づいていることもあって、かなり信頼性の高いデータであると思われる。一覧表を総上演回数の多い順に並びかえたものが表1である。

最も多く上演されたのは『復活』である。五年間で四四四回という圧倒的な上演回数を誇っているが、さらに注目されるのは、ブームが巻き起こった大正三年だけでなく、大正四年以降もコンスタントに上演され続けていることである。二番目に多い『剃刀』は『復活』と同時上演の一幕物で、これを除くと、どの年度においても『復活』が最も多く上演されており、大正七年のみ例外的に『生ける屍』が多くなっている。

一九五の地方都市を巡業

では、大正四年以降、『復活』とその劇中歌「カチューシャの唄」は地方都市の観客にどのように受容されたのであろうか。芸術座の巡業記録に関しては、上記の上演回数表のほかに、巡業した都市名のリストが残されている。この一九五にも上る都市名リストは、前出の「芸術座の事」の中で抱月が作成したものである。府県別に整理した巡業都市名リストを掲載してみる（表2）。

その足跡は全国の主要都市の大部分を網羅しており、芸術座が一度も巡業しなかった県は埼玉、千葉、徳島、高知、沖縄の五県のみである。しかし、このリストからは、芸術座がいつ頃どの都市で『復活』の巡業を行い、どのような反響を呼んだのか、「カチューシャの唄」はどのように受容されたのか、といったことについては何もみえてこない。

地方巡業の足跡の調査

芸術座はそのわずか六年間の存続期間の大半を巡業に費やしていたにもかかわらず、地方巡業についてはこれまできわめて不十分な記録しか残されていない。この際、できる範囲で巡業の足跡を再構成してみる必要がある。

材料として使えるのは地方新聞の演芸欄である。芸術座と松井須磨子の来演は地方においては、中央のスター女優の顔を見ることができる一大イベントであったから、地方新聞

表２　芸術座の巡業都市名（府県・地域別）

府県	都市名	府県	都市名
北海道	函館・小樽・札幌・旭川・釧路	兵庫県	神戸・豊岡・明石
		奈良県	奈良
青森県	青森・弘前	和歌山県	和歌山
岩手県	盛岡	鳥取県	米子・鳥取・倉吉
宮城県	仙台・石巻	島根県	石見太田・大社・今市［現出雲市］・木次・平田・松江
秋田県	秋田		
山形県	山形・鶴岡・新庄・酒田・米沢	岡山県	岡山・倉敷・笠岡
福島県	会津若松・郡山・福島・飯坂	広島県	広島・尾道・呉・福山
茨城県	水戸	山口県	徳山・山口・下関・柳井津［現柳井市］・三田尻［現防府市］・新川［現宇部市］
栃木県	栃木・宇都宮・足利・桐生・佐野・足尾	香川県	高松・琴平・丸亀・観音寺
群馬県	高崎・前橋	愛媛県	松山・西条・今治・宇和島・八幡浜・大洲
東京府	東京		
神奈川県	鎌倉・大磯・小田原・横浜・横須賀	福岡県	福岡・門司・小倉・八幡・直方・久留米・大牟田・行橋・飯塚・中間・若松・柳河・若津［現大川市］・伊田［現田川市］・芦屋・添田・大里［現北九州市門司区］・宇野［現築上郡上毛町］・筑前徳島
新潟県	高田・柏崎・三条・長岡・新潟		
富山県	富山・高岡		
石川県	金沢		
福井県	福井	佐賀県	佐賀・唐津・武雄
山梨県	甲府	長崎県	長崎・佐世保
長野県	長野・須坂・上諏訪・伊那・飯田・松本・松代・中込・丸子・小諸・上田・大屋［現上田市］・臼田［現佐久市］・穂高［現南安曇郡穂高町］	熊本県	熊本・山鹿・人吉・八代・隈府［現菊池市］
		大分県	佐伯・中津・大分・臼杵・別府・豊後高田・豊後杵築
		宮崎県	都城・宮崎・延岡
岐阜県	大垣・中津川・岐阜	鹿児島県	鹿児島・川内・加治木
静岡県	浜松・静岡・島田・江尻［現静岡市清水区］	台湾	基隆・台北・嘉義・新竹・台中・台南・打狗
愛知県	名古屋・瀬戸・尾張一宮・津島・豊橋・岡崎	満州	安東県・本渓湖・奉天・長春・哈爾賓・撫順・遼陽・営口・大連・旅順
三重県	伊賀上野・伊勢神戸・桑名・四日市・山田・松阪・津	朝鮮	釜山・龍山・京城・馬山・木浦・大邱・太田・光州・元山・群山・鎮南浦・仁川・平壌
滋賀県	大津・長浜		
京都府	京都・宮津・新舞鶴		
大阪府	大阪	ロシア	浦塩

でも大きく報じられるのが常であった。地方新聞を追うことによって、芸術座と「カチューシャの唄」がどのように受け止められていたのかを知ることが可能になる。

こう考えて、さっそく土曜日を使って国会図書館の新聞資料室に通って、日本全国の地方新聞を調べ始めた。また、国会図書館に欠けている新聞については地元の県立図書館等の電子メールによるレファレンスサービスを利用させていただいた。どの図書館も面倒な調査にもかかわらず、非常に丁寧に調べていただき、かなりの部分が判明した。

また、その後、岩町功の大著『評伝島村抱月』の存在を知った。島村抱月のみならず芸術座に関する決定的な研究であり、本書では以下、岩町の研究にもよりながら、論の展開に必要な範囲で芸術座の巡業について概略をまとめてみる。

私の調査及び岩町の研究をもとにして、現在の時点で判明した芸術座の巡業経路をまとめてみたのが表3である。大正三年の巡業についてはすでに前章でふれたので、ここでは大正四年以降の巡業経路を表3をもとにしておおまかにまとめてみよう。

大正四年以降の巡業経路

〔大正四年〕

一月から長野・名古屋・九州・中国地方。五月からは関西・名古屋・北陸・甲信。八月末から東北・北海道。一〇月から一二月まで台湾・朝

7月	8月	9月	10月	11月	12月
1	1	1 函館・大黒座	1	1 横浜・羽衣座	1 大阪・浪花座
2	2	2 復活・嘲笑	2	2 クレオパトラ	2 復活
3	3	3	3	3 剃刀・マグダ	3 熊
4	4	4	4	4 ヂオゲネス	4 帰京
5	5	5 小樽入り	5	5	5
6	6	6 小樽・住吉座	6	6	6
7	7 東京・歌舞伎座	7 復活・嘲笑	7	7	7
8 講演会	8 マグダ	8	8	8	8
9	9 ヂオゲネスの誘惑	9	9	9	9
10 横浜・羽衣座	10	10 札幌・大黒座	10	10	10
11 復活・嘲笑	11	11 復活・嘲笑	11	11	11
12	12	12	12	12	12
13	13	13 旭川・佐々木座	13	13	13
14 東京・福沢桃介邸	14	14 復活・嘲笑	14	14	14
15 ヒヤシンス・ハルヴェー 復讐・死の踊	15	15	15	15 京都・南座	15 東京・本郷座
16	16	16 帰京	16	16 クレオパトラ	16 剃刀
17 東京・大正博	17	17	17	17 剃刀	17 人形の家
18 復活	18	18	18	18	18 結婚申込
19（昼夜２回）	19 鎌倉・鎌倉劇場	19 東京・東京座	19	19	19
20	20 復活	20 復活	20	20	20
21	21	21 ヂオゲネス	21	21 復活	21
22	22	22	22	22 ヂオゲネス	22
23	23	23	23	23	23
24	24 小田原？	24	24	24	24
25	25	25	25	25 大阪・浪花座	25
26	26	26	26 東京・帝劇	26 クレオパトラ	26
27	27	27	27（第４回公演）	27 剃刀	27
28	28	28	28 剃刀	28	28
29 キネトホン撮影	29	29	29 クレオパトラ	29	29
30	30	30	30	30	30
31	31		31		31

表3-1　芸術座の巡業日程（大正3年）

1月	2月	3月	4月	5月	6月
1	1	1	1	1 復活・嘲笑	1
2	2	2	2	2	2
3	3	3	3	3	3
4	4	4	4	4	4 富山・福助座
5	5	5	5	5	5 復活・嘲笑
6	6	6	6	6	6
7	7	7	7 大阪入り	7	7
8	8	8	8	8	8 金沢へ
9	9	9	9	9	9
10	10	10	10	10	10 金沢・福助座
11	11	11	11	11	11 復活・嘲笑
12	12	12	12	12	12
13	13	13	13	13	13
14	14	14	14	14	14
15	15	15	15	15	15
16	16	16	16 大阪・浪花座	16	16 岐阜・美殿座
17 東京・有楽座	17	17	17 復活・嘲笑	17	17 復活・嘲笑
18（第2回公演）	18	18	18	18	18
19 海の夫人	19	19	19	19	19
20 熊	20	20	20	20	20 帰京
21	21	21	21	21	21
22	22	22	22	22	22
23	23	23	23 入洛	23	23
24	24	24	24 京都・南座	24	24
25	25	25	25 復活・嘲笑	25	25
26	26	26 東京・帝劇	26	26	26
27	27	27（第3回公演）	27	27 上田・講演会	27
28	28	28 復活・嘲笑	28	28 試演会	28
29		29	29	29 長野・三幸座	29
30		30	30 神戸・聚楽館	30 復活・嘲笑	30
31		31		31	

（1）各巡業のうちで色の濃い部分は『復活』の上演を示す
（2）各巡業中の破線は芸題の変更を，枠罫線の省略は開演日・終演日の不明を表す
（3）？は新聞で直接確認できなかった不確定情報を示す

7月	8月	9月	10月	11月	12月
1 試演	1	1	1	1	1
2 長野・三幸座	2	2	2 台北入り	2	2 大連・歌舞伎座
3 サロメ・飯	3	3 函館・大黒座	3 台北・朝日座	3	3 復活・剃刀
4 其前夜	4	4 熊・飯	4 復活・剃刀	4	4 飯・嘲笑
5	5	5 サロメ	5	5	5 サロメ
6 上田・中村座	6	6 小樽入り	6	6 下関発	6 マグダ・熊
7 復活・剃刀	7	7 小樽・住吉座	7	7 釜山・京城へ	7
8 伊那・旭座	8	8 剃刀・熊	8 飯・嘲笑	8 文芸講演会	8
9 復活・剃刀	9	9 飯・サロメ	9 サロメ	9 龍山・佐久良座	9
10	10	10 札幌・札幌座	10	10 復活・剃刀	10 奉天・奉天座 嘲笑・剃刀・復活
11	11	11 剃刀・熊	11	11	11 長春・長春座 嘲笑・剃刀・復活
12 飯田・曙座？	12	12 飯・サロメ	12 マグダ	12 京城・寿座 復活・剃刀	12
13	13	13	13 熊	13 嘲笑・飯	13
14	14	14 旭川・佐々木座	14 南部に出発	14 サロメ	14
15	15	15	15 台中・台中座 復活・剃刀	15	15 ハルビン・公会堂 嘲笑・剃刀
16 甲府・巴座	16	16	16 嘲笑・飯・サロメ	16 嘲笑・熊・桶仙人	16 復活（唄のみ）
17 復活・剃刀	17	17	17	17	17
18	18	18 釧路？	18 嘉義・嘉義座	18	18
19	19	19	19 復活・剃刀	19 仁川・歌舞伎座	19
20	20	20	20	20 復活・剃刀	20
21	21	21	21 台南・新泉座	21	21 浦塩・プーシキン座 嘲笑・剃刀
22	22	22	22 復活・剃刀	22 平壌・桜座	22 浦塩出発
23	23	23	23 打狗・打狗座 復活・剃刀	23 復活・剃刀	23
24	24	24 帰京	24	24	24
25	25	25	25 台南・南座 嘲笑・飯・サロメ	25 安東・京橋座	25 帰京
26	26	26	26	26 復活・剃刀	26
27	27 秋田・凱旋座	27	27 新竹・新竹座 復活・剃刀	27 撫順入り	27
28	28 復活・剃刀	28	28 基隆・基隆座 嘲笑・飯・サロメ	28 撫順・公会堂 復活・剃刀	28
29	29 サロメ・熊・飯	29	29	29 嘲笑・飯・サロメ	29
30	30 山形・旭座	30	30	30	30
31	31 復活・剃刀		31		31

表3-2　芸術座の巡業日程（大正4年）

1月	2月	3月	4月	5月	6月
1	1 人形の家・嘲笑	1 復活・剃刀	1	1	1
2 松代帰省	2	2 佐賀・改良座	2	2	2 神戸・大黒座
3	3 文芸講演会	3 復活・剃刀	3	3	3 其前夜・サロメ
4 上諏訪入り	4 熊本・大和座	4 文芸講演会	4	4	4 飯
5 上諏訪・都座	5 復活・剃刀	5 広島・寿座	5	5	5
6 復活・剃刀	6	6 復活・剃刀	6	6	6
7 松本・松本座	7 故郷・嘲笑	7	7	7	7
8 復活・剃刀	8	8 マグダ・嘲笑	8	8	8 試演
9	9 長崎・八幡座	9 文芸講演会	9	9	9 名古屋・千歳座
10 須坂・須坂座	10	10 呉・春日座	10	10	10 其前夜・飯
11 復活・剃刀	11 復活・剃刀	11 復活・剃刀	11	11	11 サロメ
12	12	12	12	12	12 復活・嘲笑
13	13 故郷・嘲笑	13	13	13 大阪・浪花座	13
14	14	14 高松？	14	14 其前夜	14
15	15 下関・稲荷座	15	15	15 サロメ・飯	15 福井？
16	16 復活・剃刀	16	16	16	16
17	17	17 文芸講演会	17	17	17
18	18 マグダ・嘲笑	18 岡山・高砂座	18	18	18 金沢・第一福助座
19	19	19 復活・剃刀	19	19	19 其前夜・飯
20	20 佐世保・弥生座	20	20	20 休演	20 サロメ
21	21 復活・剃刀	21 マグダ	21	21 故郷	21
22 名古屋・千歳座	22 文芸講演会	22 嘲笑	22	22 ヂオゲネス	22 高岡・板橋座
23 復活・剃刀	23 鹿児島・鹿児島座	23	23	23	23 復活・剃刀
24	24 復活・剃刀	24	24	24 試演	24
25	25	25	25	25 京都・南座	25 富山・福助座
26	26 マグダ・嘲笑	26	26 東京・帝劇	26 其前夜	26 其前夜・飯
27	27 文芸講演会	27	27（第5回公演）	27 サロメ・飯	27 サロメ
28 福岡・九州劇場	28 久留米・恵比須座	28	28 其前夜	28	28
29 復活・剃刀		29	29 飯	29 人形の家	29 高田・大漁座
30		30	30 サロメ	30 熊	30 復活・剃刀
31		31		31	

（1）各巡業のうちで色の濃い部分は『復活』の上演を示す
（2）各巡業中の破線は芸題の変更を，枠罫線の省略は開演日・終演日の不明を表す
（3）？は新聞で直接確認できなかった不確定情報を示す

7月	8月	9月	10月	11月	12月
1	1 酒田・港座	1	1	1 爆発	1
2	2 復活・嘲笑	2	2	2 アンナ・カレニナ	2
3	3 鶴岡・鶴岡座	3	3	3	3
4	復活・嘲笑	4	4	4	4 豊橋から
5 東京・芸術倶楽部	4	5	5	5	5 静岡・千鳥座
6 闇の力	5 新庄・三吉座	6	6	6	6 サロメ・お葉
7 扉を開け放して	復活・嘲笑	7	7	7	7
8	6 米沢・開明座	8	8 浅草・常盤座	8	8 江尻・栄寿座
9	復活・嘲笑	9	9 桶仙人・飯	9 神戸・聚楽館	9 復活・嘲笑
10	7	10	10 サロメ	10 爆発	10
11	8	11	11 新帰朝者	11 アンナ・カレニナ	11
12	9	12	12 （昼夜２回）	12	12
13	10	13	13	13	13
14	11	14	14	14 大垣	14
15	12	15	15	15 （演目不明）	15
16	13	16	16	16	16
17	14 帰京	17	17	17 名古屋・末廣座	17
18 文芸講演会	15	18	18	18 爆発	18
19 福島・福島座	16	19	19	19 アンナ・カレニナ	19
20 復活・嘲笑	17	20	20	20 一宮・歌舞伎座	20
21 飯坂・旭座	18 東京・国技館	21	21	21 復活・嘲笑	21
復活・嘲笑	19 マクベス	22	22 大津・大黒座	22	22
22 夜行で青森入り	20	23	復活・嘲笑？	23	23
23 青森・歌舞伎座	21	24	23	24 岡崎？	24
24 復活・嘲笑	22	25	24	25	25
25	23	26 東京・帝劇	25 京都・南座	26	26
26	24	27 （第７回公演）	26 爆発	27 浜松？	27
27 盛岡・盛岡劇場	25	28 爆発	27 アンナ・カレニナ	28	28
28 復活・嘲笑	26 鎌倉劇場	29 アンナ・カレニナ	28	29	29
29	27 闇の力	30	29	30	30
30 弘前・征木座	28		30		31 浅草・常盤座
31 復活・嘲笑	29		31 大阪・中座		
	30				
	31				

表3-3　芸術座の巡業日程（大正5年）

1月	2月	3月	4月	5月	6月
1	1	1 下関・稲荷座	1	1 復活	1
2	2	2 サロメ・真人間	2	2 サロメ	2 仙台
3	3 試演	3 八幡・旭座	3	3	3 復活・剃刀？
4	4 京都・南座	4 復活・剃刀	4	4	4 石巻？
5	5 世論・真人間	5 門司・凱旋座	5	5	5
6	6 清盛と仏御前	6 復活・剃刀	6	6	6
7	7	7	7	7	7 郡山・清水座 復活・嘲笑
8	8	8	8 浅草・常盤座	8	8 文芸講演会
9	9 京都発	9 文芸講演会	9 嘲笑・復活	9	9 新潟・改良座
10	10 神戸・聚楽館	10 福岡・九州劇場	10 （昼夜3回）	10	10 復活・剃刀
11	11 世論・真人間	11 世論・真人間	11	11	11 サロメ・嘲笑・飯
12	12 清盛と仏御前	12 サロメ・飯	12	12 東京・小笠原伯家	12
13	13	13 熊・結婚申込	13	13 エジポス王	13
14	14	14 大牟田・大正座	14	14	14 長岡？
15	15 岡山・高砂座	15 復活・剃刀	15	15	15
16	16 世論・真人間	16 直方・日若座	16	16	16
17	17 サロメ	17 復活・剃刀	17	17	17
18	18	18 小倉・常盤座	18	18	18
19	19	19 復活・剃刀	19	19	19
20	20	20 帰京	20	20	20
21	21 文芸講演会	21	21	21	21
22	22 松山・寿座	22	22	22	22
23	23 復活・剃刀	23	23	23 前橋・柳座	23
24	24 サロメ・世論・真人間	24	24	24 復活・嘲笑	24
25 文芸講演会	25	25	25	25	25
26 大阪・浪花座	26 尾道・偕楽座	26 東京・帝劇	26	26	26
27 （第6回公演）	27 復活・剃刀	27 世論・お葉	27	27	27
28 世論	28	28 清盛と仏御前	28	28	28
29 真人間		29	29	29	29
30 清盛と仏御前		30	30 東京・明治座	30 会津若松・若松館	30
31		31		31 復活・嘲笑	

（1）各巡業のうちで色の濃い部分は『復活』の上演を示す
（2）各巡業中の破線は芸題の変更を，枠罫線の省略は開演日・終演日の不明を表す
（3）？は新聞で直接確認できなかった不確定情報を示す

7月	8月	9月	10月	11月	12月
1 復活・剃刀	1	1	1	1 帽子ピン	1 生ける屍
2 大丘？	2 今治・今治座	2	2	2	2 帽子ピン
3	3 復活・剃刀	3 木次？	3	3	3
4	4 呉・春日座	4	4 柏崎・柏崎座	4	4 明石？
5	5 お葉・嘲笑	5 大田？	復活・剃刀	5	5
6	6	6	5	6 丸子？	6
7	7 福山・大黒座	7 倉吉？	6	7	7 和歌山・弁天座
8 馬山	8 復活・嘲笑	8	7	8	8 復活
9	9	9	8	9	9 剃刀
10 釜山？	10	10	9	10	10
11	11	11	10	11	11
12	12	12	11	12	12
13 下関上陸	13	13	12	13	13 大阪・浪花座
14 山口・山口座	14	14	13	14	14 生ける屍
15 復活・剃刀	15 米子開演中	15	14	15 南佐久・中込座	15 帽子ピン
16	16	16	15	16（演目不明）	16
17 防府・恵比寿座	17	17	16	17 神川・大屋座	17
復活・剃刀？	18	18	17	18	18
18 徳山・徳山座	19 鳥取・戎座	19	18	19	19
19 復活・剃刀？	20 復活・剃刀	20	19	20	20
20	21 松江・松江座	21	20	21	21 帰京
21	22 復活・剃刀	22	21	22 名古屋・末廣座	22
22	23 出雲・偕楽座	23	22	23 生ける屍	23
23	24 復活・剃刀？	24	23	24 帽子ピン	24
24	25	25	24	25	25
25	26	26 松代・海津座？	25	26	26
26	27	27 神川・大屋座	26	27 津島？	27
27 琴平・金丸座	28 大社？	28 復活・剃刀	27	28 長浜？	28
28 復活・剃刀	29	29 小諸・高砂座	28	29	29
29	30 平田？	30 復活・人形の家	29	30 神戸・聚楽館	30
30	31		30 東京・明治座		31
31			31 生ける屍		

表３‐４　芸術座の巡業日程（大正６年）

1月	2月	3月	4月	5月	6月
1 浅草・常盤座	1	1	1	1	1 奉天入り
2	2	2	2	2	2 奉天・弥生座
3 思い出	3	3	3	3	3（演目不明）
4 剃刀	4	4	4	4	4
5（昼夜２回）	5	5	5	5	5
6	6	6	6	6	6
7	7	7	7 甲府・巴座	7	7
8	8	8	8 お葉・新帰朝者	8	8
9	9	9 東京・新富座	9	9	9
10	10	10（第８回公演）	10	10	10
11 浅草・常盤座	11	11 ポーラ	11	11	11 京城入り
12 爆発	12	12 お艶と新助	12	12	12
13 お葉	13	13 エヂポス王	13	13 神戸滞在	13 京城・寿座
14	14	14	14 名古屋・末廣座	14	14 新帰朝者
15	15	15	15 ポーラ・お葉	15	15 お葉
16	16	16	16	16	16 与論
17	17	17	17	17	17 お艶と新助
18	18	18	18	18	18 爆発
19	19	19	19	19 大連入り	19 ケティー
20	20	20	20	20	20
21	21	21	21	21	21 鎮南浦・花山座
22	22	22	22	22 大連・歌舞伎座	22（演目不明）
23	23	23	23	23 新帰朝者・お葉	23 平壌・歌舞伎座
24	24	24	24	24 世論	24（演目不明）
25	25	25 横浜・横浜座	25	25 お艶と新助	25 仁川・歌舞伎座
26	26	26 ポーラ・お葉	26 奈良？	26	26
27	27	27 復活・お葉	27	27 爆発・ケティ	27 木浦？
28	28	28	28	28 エヂポス王	28 光州？
29		29	29	29 旅順・八島座	29 郡山？
30		30	30	30 復活・剃刀・爆発	30 大田・太田座
31		31		31 宮口	

（１）各巡業のうちで色の濃い部分は『復活』の上演を示す
（２）各巡業中の破線は芸題の変更を，枠罫線の省略は開演日・終演日の不明を表す
（３）？は新聞で直接確認できなかった不確定情報を示す

7月	8月	9月	10月	11月	12月
1	1	1	1	1	1 横浜・横浜座
2	2	2	2	2	2 生ける屍
3	3	3	3 東京・芸術倶楽部	3	3 帽子ピン
4	4	4	4 誘惑	4	4
5	5	5 東京・歌舞伎座	5 死と其前後	5 抱月急死	5
6	6	6 沈鐘	6	6 東京・明治座	6
7	7	7	7	7 緑の朝	7
8	8	8（松竹提携	8	8	8
9	9	9 第1回興行）	9	9（松竹提携	9
10	10	10	10	10 第2回興行）	10
11	11	11	11	11	11 横須賀・栄座
12	12	12	12	12	12 生ける屍
13	13	13	13	13	13 帽子ピン
14	14	14	14	14	14
15	15	15	15	15	15
16	16	16	16	16	16 帰京
17	17	17	17	17	17
18	18	18 京都・南座	18	18	18
19	19	19 沈鐘	19	19	19
20	20	20	20	20	20
21	21	21	21	21	21
22	22	22	22	22	22
23	23	23	23	23	23
24	24	24	24	24	24
25	25	25	25	25	25
26	26	26	26	26	26
27	27	27	27	27	27
28	28	28 帰京	28	28	28
29	29	29	29	29	29
30	30	30	30	30	30
31	31		31		31

表3-5　芸術座の巡業日程（大正7年）

1月	2月	3月	4月	5月	6月
1	1 下関・稲荷座	1	1 人吉？	1 大分・共楽館	1 生ける屍・帽子ピン
2	2 生ける屍	2 佐世保？	2	2 生ける屍・帽子ピン	2 復活・剃刀・新帰朝者
3	3 帽子ピン	3	3 鹿児島・鹿児島座	3 復活・剃刀	3
4	4 復活・剃刀	4	4 生ける屍	4	4
5	5 門司・凱旋座	5 武雄・蓬莱座	5 帽子ピン	5 宇和島・融通座	5 直方・日若座
6	6 生ける屍・帽子ピン	6 復活・剃刀・新帰朝者	6 復活	6 生ける屍・剃刀	6 生ける屍・帽子ピン
7	7 復活・剃刀	7 久留米・恵比須座	7 サロメ・剃刀	7	7 復活・剃刀
8	8 小倉・常盤座	8 生ける屍	8	8	8 新帰朝者
9	9 生ける屍・帽子ピン	9 帽子ピン	9 加治木？	9 八幡浜・寿座	9
10	10 復活・剃刀	10 復活・剃刀・新帰朝者	10	10 生ける屍・剃刀	10
11	11 福岡・九州劇場	11 八女・福嶋劇場	11	11	11
12 京都・南座	12 生ける屍	12 生ける屍・帽子ピン	12	12 大洲？	12
13 生ける屍	13 帽子ピン	13 大牟田・聚楽座	13 都城・都座	13	13
14 帽子ピン	14	14 生ける屍	14 復活・剃刀・新帰朝者	14	14
15 復活	15 復活	15 帽子ピン	15 生ける屍・帽子ピン	15 別府・松濤館	15
16 新帰朝者	16 新帰朝者	16 柳河・川口座	16 宮崎・大成座	16 生ける屍・帽子ピン	16 若松・旭座
17	17 佐賀・改良座	17 （演目不明）	17 生ける屍・帽子ピン	17 復活・剃刀	17 生ける屍・帽子ピン
18 岡山・岡山劇場	18 生ける屍・帽子ピン	18 大川・若津座	18 復活・新帰朝者	18 新帰朝者	18 復活・剃刀・新帰朝者
19 生ける屍	19 復活・剃刀	19 生ける屍・帽子ピン	19	19 豊後高田？	19 八幡・旭座
20 帽子ピン	新帰朝者	20 熊本・旭座	20	20 行橋？	20 生ける屍・帽子ピン
21 復活	20	21 生ける屍	21	21	21 復活・剃刀・新帰朝者
22 新帰朝者	21 唐津？	22 帽子ピン	22 延岡？	22 飯塚・栄座	22
23	22	23	23	23 生ける屍・剃刀	23
24 広島・寿座	23 長崎・三七三座	24 復活・剃刀・新帰朝者	24	24	24
25 生ける屍	24 生ける屍	25	25 佐伯・朝日座	25	25 松山・寿座
26 帽子ピン	25 帽子ピン	26 隈府・桜座	26 復活・剃刀・新帰朝者	26	26 生ける屍
27 復活	26 復活	27 生ける屍・帽子ピン	27 臼杵？	27	27 新帰朝者
28 新帰朝者	27 剃刀・新帰朝者	28	28 中津・蓬莱館	28	28 復活・新帰朝者
29 呉・春日座	28	29 山鹿？	29 生ける屍	29	29
30 生ける屍・帽子ピン		30 八代？	30 帽子ピン	30	30 帰京
31		31		31 中間・弁天座	

（1）各巡業のうちで色の濃い部分は『復活』の上演を示す
（2）各巡業中の破線は芸題の変更を，枠罫線の省略は開演日・終演日の不明を表す
（3）？は新聞で直接確認できなかった不確定情報を示す

鮮・満州・ロシア。

外地では熱烈な大歓迎を受け、大連では興行界のレコードを破る五日間四〇〇〇円の「勘定《かんじょう》揚がり高」を記録したという（『満州日日』、大正四年一二月八日）。ただし、ウラジオストックでは、「肝心の本場へ来て、若《も》し下手をしますと大変ですから、唯だ私がカチウシヤの歌を独唱したゞけでした」と松井須磨子が話しているように、『剃刀』『競争』のみで、『復活』は上演しなかったという（『読売』、大正四年一二月二九日）。

〔大正五年〕

一月末から関西・中国・九州。五月から八月まで東北・北陸。一〇月から再び関西・東海。

二月の神戸巡業中に、『神戸新聞』で「芸術座の女王——魔の女松井須磨子の正体」と題する暴露記事が一〇回にわたって連載され、一二月の静岡巡業でも『静岡民友《みんゆう》新聞』の激しい排斥キャンペーンに悩まされる。

〔大正六年〕

四月に山梨・名古屋。五月から二度目の満州・朝鮮。その帰途、七月に下関から上陸して山陽・四国・山陰・信越を回る。一一月から長野・名古屋・関西。

『生ける屍』と劇中歌「さすらひの唄」が一大ブームを巻き起こす。

〔大正七年〕

一月から六月まで関西・中国・九州・四国と長期の巡業。七月には松竹との提携が成立し、九月から提携興行が始まる。しかし、一一月五日に抱月がスペイン風邪で急死する。

「芸術座の唯一の財源」

表3で印象深いのは、芸術座の巡業の非常な過密スケジュールぶりである。たとえば大正四年の上演日数をカウントしてみると、判明しているだけでも、東京を含めて一六〇日以上に達している。地方巡業の場合には、巡業地から次の巡業地までの移動日も必要であるから、それをも考慮すると、東京にとどまっていた期間はわずか二―三か月程度で、結局一年の大半を地方巡業に費やしていたことになる。芸術座とはすなわち地方巡業の興行劇団であったということができる。

大正七年も、一月から六月まで半年間にわたって関西・中国・九州・四国巡業を行っているが、移動日なしの強行軍となるケースも多く、体力への負担は相当なものがあったと思われる。その年の一一月に抱月が当時猛威をふるったスペイン風邪で急死したのは、ひとつにはこのような地方巡業の連続による体力の消耗も関係していたのではないだろうか。

では、なぜ芸術座はこれほどまでに地方巡業に多大な情熱を注いでいたのであろうか。

これについては、抱月が中村吉蔵宛の書簡の中で、「今の所、地方興行は芸術座の唯一の財源で」と明快に述べているように（『抱月全集』第八巻）、財源獲得が最大の目的であった。

数十人の俳優の給料、大道具等の調達、劇場への支払いなど芸術座という劇団を維持するためには、さまざまな費用が発生してくる。さらに、大正四年には「芸術倶楽部」という自前の小劇場兼事務所を建設したため、その負債の返済にも追われていた。この芸術倶楽部は大正博覧会の演芸場を取り壊した木材を使って牛込区《うしごめ》（現、新宿区）横寺町《よこでら》に建てられ、研究劇の私演場として、また抱月と須磨子の住居としても使われたが、建築費がかさんだため、唯一の財源たる地方巡業に精を出さざるをえなかったのである。

もちろん、芸術座は地方巡業の大衆興行のみではなく、研究劇にも力を注いでいた。たとえば大正五年七月の芸術倶楽部での第二回研究劇で発表されたトルストイ原作・林久男訳『闇の力』は、芸術座劇の中で一番の傑作という評判をとったほどである（中村吉蔵「芸術座の記録」）。ただ、全体としては、芸術座の活動が研究劇よりも大衆向けの地方巡業に圧倒的に傾いていたことは事実である。

地方巡業のプロデュース法

財源獲得のための地方巡業であったから、劇の内容や出来栄えよりも客の入りの方が重要である。巡業先から関係者に宛てた抱月の書簡を読むと、観客動員に対する抱月の過剰なまでのこだわりが満ちあふれている。

・（会津）若松二日は好成績なれど、仙台昨夜は二百三十円程の不成績（大正五年）。
・九州全土を表九州裏九州とも殆《ほとん》ど文字通りに踏破しました、非常に盛《さかん》で殆ど不入の日といふことなしに百十日余りすでに打通しました（大正七年）（『抱月全集』第八巻）。

芸術座の経営者であった抱月にとって、地方巡業の成功・不成功はただちに劇団の経営に直結してくる重要な問題であったから、巡業の成功のためにさまざまな対策を講じた。

抱月のプロデュース法の中心となったのは、当時最も影響力の大きいマス・メディアである新聞、特に地方新聞の活用であった。巡業の始まる一週間ほど前から「芸術座来たる」「松井須磨子来たる」といった記事と須磨子の写真が地方新聞の演芸欄を飾り始める。静岡での巡業の際には、事前に抱月自ら新聞社へ「貴地千鳥座に於て開演の際は高助《こうじょ》を乞ひ度し」といった書簡を出して売り込んでいるように（『静岡民友』、大正五年一二月四日）、事前報道は抱月の新聞社への売り込みによるものだったようである。地元の新聞で大きく取り上げられることがそのまま巡業の成功につながるという方程式が抱月の頭の中には存在し、また、実際にも新聞の効果は大きかった。

　他方、地方新聞の側から見た場合、芸術座の巡業は東京の新しい演劇と文化とさらには新しい流行歌までも運んできてくれる、地方にとっては貴重な文化的イベントであった。地方新聞の紙面上において、芸術座の巡業は単なる演芸欄の枠を超えて地方文化面の一大ニュースとして扱われている。

　というのも、芸術座には松井須磨子という全国的に知られたスター女優がいたからである。この時期の各地の地方新聞の巡業の取り上げ方を見ると、川上貞奴《かわかみさだやつこ》や浪花節《なにわぶし》の桃中軒雲右衛門《とうちゆうけんくもえもん》、吉田奈良丸《よしだならまる》等が地方でも比較的大きく扱われているが、それらの大衆演芸のスターを断然圧して松井須磨子の扱いはどの地方においても破格の大きさである。地方新聞の紙面で見る限り、須磨子は文字通りスーパースター的存在であった。

　いうまでもなく、それは「カチューシャの唄」の全国的流行によるところが大きかった。中山晋平はこの唄のおかげで、「芸術座が『復活』を持つて巡業する時、大袈裟に言ふと無人の境を行くやうに楽であつたといふことです」と述べている（「演劇及び映画に於ける所謂主題歌に就いて」）。

巡業地の選定基準

新聞対策とともに、巡業の成功を左右するのは巡業地の選定である。大都市の大劇場で長期にわたって満員御礼の大盛況、というのが興行収入を最大にするシンプルな方法である。実際にも芸術座は大阪、京都、名古屋、神戸といった大都市には再三にわたって巡業している。「京都は三千人からはいる南座三日間満員つゞき」と抱月が書簡に書いたのは、カチューシャブームの始まった大正三年四月であった。大都市の大劇場を満員続きにするほどの人気と観客動員力を芸術座は実際にも持っていた。

しかし、注目されるのは、芸術座はこれらの大都市のみならず、中小都市をも熱心に巡業して回っていた点である。それも県の中心都市のみならず、さらにその下の小都市まで一―二日きざみで回っている。そして、芸術座の真価はむしろこれらの小都市でこそ大いに発揮された。

というのも、日頃新劇に接する機会のないこれら小都市に住む人々の間に新劇ファンを開拓する上で、芸術座は重要な役割をはたしたからである。このような中小都市での興行が可能になったのも「カチューシャの唄」人気のおかげであった。

一般的に、この時期は翻訳劇を中心とする新劇は地方では観客が集まらず、興行として成り立たなかった。この点については、抱月自身の談話が残されている。大都市の博多ですら、『人形の家』の興行が厳しかったという。

今少し芸術的なものを演《や》らうと思ふのですが、何せよ今日の場合は上中下を通じて悦ばれるものでなければ止《やむ》を得ない。博多に於ても「ノラ」を上場しましたがもう駄目です、観客はどん〳〵減るのです（『長崎新聞』、大正四年二月一〇日）。

このような地方での厳しい興行経験を通じて、抱月は興行師としての腕をきたえていった。大正五年一月の談話において、抱月は地方巡業についての自身の考え方を述べている。それによれば、地方巡業のプランを作る際に、彼が第一に重視する要素は都市の人口であり、次いで漁師町、商業地、県庁や学校の所在地といった都市の性格である。そこから、芸術座の巡業に適した次のような都市の序列が導き出されてくる。

何んといつても東京以外では京都大阪ですが、其《その》京都大阪に次ぐものは名古屋に神戸です。それに、北海道と九州が図抜けて人気があります。九州は博多が第一で、熊本鹿児島がそれに次いで人気があります。唯人口の割に好くないのは下の関と門司《もじ》です。それから、北海道で好いのは札幌に小樽です。東北では仙台が第一で、北陸では金沢、中国では岡山であり、それから東海道では静岡です。尚此等《なおこれら》以外に、芸術座に取つて例外に好いところが一ヶ所あります。それは信州です。信州は松井の出身地なものですから、到るところ満員続きの人気があります（「新劇団と創作劇」『抱月全集』第二巻）。

実際にも、大阪・京都・名古屋・神戸・北海道・九州・信州・北陸には再三にわたって巡業に訪れている。また、都市の人口規模は興行日数に関係してくる。

次に、地方に於ける興行日数であるが、これを人口に依《よ》つていひますと、人口四五万内外の土地は二日、七万から、十万内外の土地は三日打てば間違ひありません。屹度《きつと》満員です（「新劇団と創作劇」『抱月全集』第二巻）。

抱月のこのような文字通りの商業的な興行プランの下に、芸術座の地方巡業は組み立てられていたわけであるが、それでも観客の入りが思ったほどよくないケースがしばしば生じてくるのは避けられない。その際には、二の替りとして巡業途中で演目を替えることが多かった。そして、その際に最も多く二の替り芸題として選ばれたのが人気演目の『復活』であった。『復活』はこの意味でまさに芸術座のドル箱となっていたのである。

華やかな巡業風景

芸術座の地方巡業に同行する劇団員はおおよそ二〇—三〇余名で、当時としては大一座の部類に入る。大道具、衣装、照明、背景等は東京から携行してくる。柳永二郎によれば、音楽はバイオリンとバラライカ演奏者が二名程度同行したという（『木戸哀楽』）。

巡業地への移動は台湾へは笠戸丸、大連へは嘉義丸を使ったが、一般的には主に鉄道を利用している。大正六年に、抱月は山口巡業が遅くなった理由として、「鉄道本線から入込んで居る土地である為めに立寄ることが出来なかつたのです」と述べており（『防長新聞』、大正六年七月一四日）、鉄道の沿線を中心とする巡業プランを立てていたことがわかる。満州巡業でも南満州鉄道を大いに活用している。

一行が駅に到着すると、ナマの須磨子をひとめ見ようと地元のファンがおおぜい押しかけてまだかまだかと待ちかねていた。大正六年の大連入りの際には埠頭におびただしい数のファンが集まったという（『満州日日』、五月一八日）。

到着と同時に、巡業場所によっては煙火を三発打ち上げるところもあった。駅から宿泊先の旅館やホテルに向かう途中で、宣伝活動を兼ねた町回りを行った。名古屋の場合のように、一行が泊まった旅館に熱心なファンがおおぜい押しかけて、「此処《ここ》に居るよ、カチユーシャが」などと歌って行く者もあったという（『新愛知』、大正四年一月二三日）。地元新聞の記者が旅館に取材に出向き、抱月や須磨子の談話を新聞に載せることもしばしばであった。

巡業地に到着後、抱月と須磨子は土地の有力者への挨拶や関係者との懇親会をこなした。さらに、抱月に関しては各地の早稲田大学校友会が後援して、地元の文学演劇愛好家との共催で一―二時間程度の講演を行うのが初期についてはほぼ恒例となっていた。

いよいよ開演当日になると、劇場前に「松井須磨子嬢へ」といったのぼり旗がひるがえり、開演時刻前から早くも満員となるところも少なくなかった。舞台の上にはクラブ化粧品本舗（現在はクラブコスメチックス）寄贈のピカピカの緞帳《どんちょう》が下がり、観客はいまや遅しと開幕を待っていた。

通常は夕方五時が開演時刻で、青森では開演と同時に三発の煙火が華々しく打ち上げられた（『東奥日報』、大正五年七月二二日）。劇場内では幕開きを告げるベルが鳴り響くなかで、いよいよ大喝采のうちに緞帳が巻き上げられる。広島ではこのベルの音について、「夜泣きうどん屋のベルやうな合図に幕があいたのには少なからず驚かされた」（『芸備《げいび》日日』、大正四年三月九日）とあるように、新劇の舞台に慣れていない観客には新奇に映ったようである。

入場料は小都市ではかなり安いところもあったが、通常は一等一円、二等七〇―八〇銭、

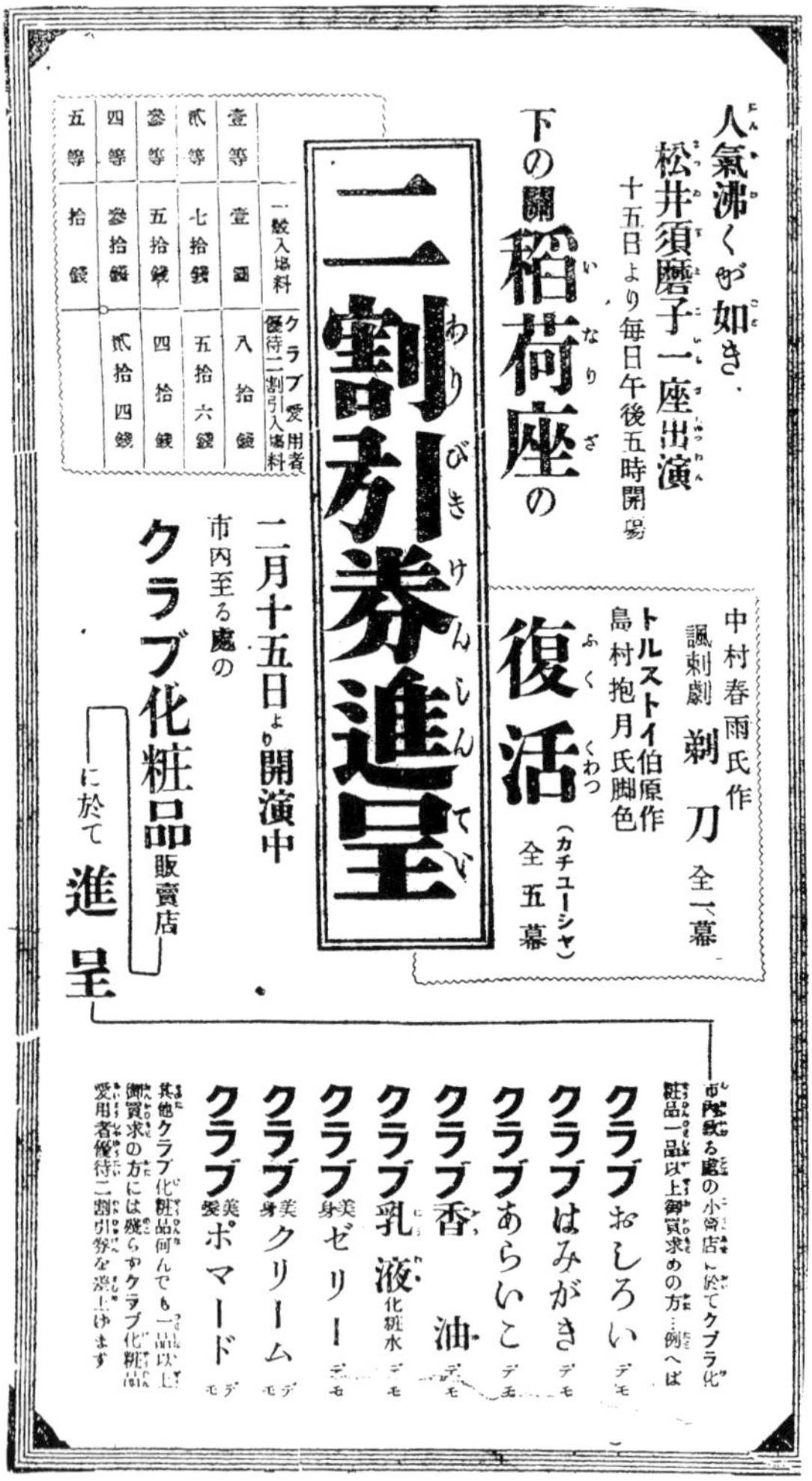

図10　クラブ化粧品の協賛広告（関門日日新聞，大正４年２月15日）

三等五〇―六〇銭程度が一般的であった。各地でクラブ化粧品が協賛して、同社の製品をどれでも一品購入すると入場料金が二割引になるといった新聞広告が大きく掲載されている（図10）。

なお、岩町功によれば、芸術座の興行はこの時期の最大の興行会社である松竹合名社とさまざまな形で連携して行われていたという（『評伝島村抱月』）。

観客としての都市中産階層

「見物は本市の智識階級」

では、地方都市において、芸術座の巡業に集まってきたのはどのような観客だったのであろうか。芸術座の巡業を報じる地方新聞の記事には、「観衆は上中下の階級を通じて」（『長崎新聞』、大正四年二月一一日）と、かなり一般的な人気を獲得していたケースもあるが、全般的にはその観客は圧倒的に各地方の「智識階級」、すなわち新中間層とその予備軍としての学生生徒によって占められていた。この点については、抱月自身が大正五年（一九一六）の米沢《よねざわ》巡業の際に次のように言及している。

田舎の町でも中年以下の智識階級の人々はよく私共の新らしい劇を了解して呉《く》れた、

然《しか》し中年以上の人には多少物足らなく感ずるだらうと云ふ所から特に最後に所作事《しょさごと》を加へたのだ（『米沢新聞』、大正五年八月八日）。

実際にも、抱月の想定通りに、どの巡業地でも観客は圧倒的に若い「智識階級」が多かった。

富山「いつもの観客と種の異《ちが》ふ智識階級の人々が多い（中略）ただ少し物足らなく思ふのは『復活』の観客に女よりも男が多い事である」（『北陸タイムス』、大正三年六月六日）

下関「非常な人気なるが尚小倉門司《こくらもじ》方面各銀行会社よりの団体見物の申し込み等も続々あれば」（『関門日日』、大正四年二月一六日）

岡山「医学校生徒二百余名の大団体見物あり尚ほ本日も六高其の他学生の団体見物ある由」（『山陽新報』、大正四年三月二〇日）

大連「特等一等がぎツしりで却《かえつ》て三階が空いてゐたのも珍しい現象だ、浪花《なにわ》節だと三階の方がぎツしりだが以て智識階級の見物多かつたのを知るに足る乎《か》」（『満州日日』、大正四年一二月九日）

新潟「抱月君の顔と須磨子の名とで市内の智識階級の殆ど全部を拉致して」（『新潟新

聞』、大正五年六月一一日）

青森「翻訳劇には珍しい大入、見物は本市の智識階級」（『東奥日報』、大正五年七月二五日）

以上の新聞記事からもわかるように、ここで「智識階級」と呼ばれている人々は、大学や医学校、高等学校等の学生生徒と教師、銀行員・会社員や官公吏とその家族といった新中間層の人々であった。

これらの人々はその都市における文化的エリートであり、彼らにとって、新しい演劇を標榜する芸術座劇は自らの文化的エリート性を象徴する存在であった。芸術座劇の上演と成功はそのままその都市に住む知識階級の文化的進歩性を意味した。

地方青年のカリスマ

これら地方都市の知識階級の獲得においては、松井須磨子のネームバリューに加えて、抱月のはたした役割もきわめて大きい。前早稲田大学教授という肩書と文学・芸術に関する文名の高さは、芸術座が地方知識階級のファンを獲得する上で、現在の私たちが想像する以上の力を発揮した。地方の観客にとって芸術座の巡業とは端的にいえば、「学識のある抱月の監督の下に人気者の須磨子の一座が演じた劇」に他ならなかった（『芸備日日』、大正四年三月九日）。

文学や演劇を愛好する地方の若者にとって、島村抱月は知的憧憬《しょうけい》の対象としてカリスマ的な存在であり、芸術座の来演はまさに一大事件の発生を意味した。後にプロレタリア作家・俳優になる佐々木孝丸《たかまる》は自伝『風雪新劇志』の中で、大正四年六月の芸術座の神戸巡業の際の思い出を次のように語っている。

当時、佐々木は神戸の通信生養成所を卒業して、神戸通信所で通信事務員をしていた。文学好きの仲間と文学会を組織して回覧雑誌を発行していた佐々木は、「芸術座が来る、須磨子が来る、というので、早くから胸をわくわくさせて待ちかねていた」という。佐々木は仲間たちと開演前の旅館に押しかけて、抱月を質問攻めにし、文芸講演会にも出席して抱月の講演を聴いた。

私は、全身を耳にしてその話に聴き入つた。その後、今日までの長い年月の間にも、そのときほど緊張して人の話に耳を傾けたということは、ほんの数えるほどしかなかつたように思う。四十年以上を距《へだ》てた今日もなお、私は、あの時の壇上に於ける、抱月先生の口調や表情や身振りを、ほんの昨日のことのように、ありありと思い浮べることができる。

このように、抱月の講演と芸術座の劇は鮮やかな印象を佐々木の脳裏に刻みつけ、彼が後に文学・演劇の道に進んだのもこの時の影響が大きかった。地方の知識階級の青年にとって、抱月はかくも偉大なる存在であった。

旧制高校生と教授の茶話会

なかでも特に高校生をはじめとする学生生徒の熱狂ぶりは、地元の新聞の注目を集めるほどであった。大正六年七月に、芸術座が満州・朝鮮巡業の帰途に山口で巡業した際に、山口高商（現、山口大学）の教授と学生たちがきわめて熱心に観劇している。

連日満員の観客の中最も熱心に出かけたるは山口高等商業学校の教授及学生連にして、平素最も厳格なる横地校長さへ学生と共に見物致され申候、復活劇の危険なる天下既に定評あり、然《しか》れども前述の如き高等の智識を有する者の研究的に此の劇を見る毫《ごう》も心配には無之《これなく》候（『関門日日』、大正六年七月一八日）。

生徒のみならず、厳格な校長を筆頭に教授たちも「危険なる」復活劇を「高等の智識を有する者の研究的に」観劇したという。もうひとつの例として、大正四年の鹿児島巡業の例をみてみよう。鹿児島座における『復活』の上演の様子は次のようであった。

さしもに広き鹿児島座も殆んど立錐《りっすい》の余地なく劇として之程《これほど》の大入を占めたるは鹿児島座にありて空前といふ程なりしが中に最も目立ちたるは例の七高生にして彼等は全

観客の殆んど三分の二を占め、一等席といはず二等席といはず白の二本筋の制帽は隅より隅まで陣取り居たる（『鹿児島新聞』、大正四年二月二五日）。

七高生が観客の三分の二を占めた結果、鹿児島座はさしずめ七高生の貸切状態となってしまった。彼らは途中から劇を真似て接吻のしぐさをしたり、来場していた某七高教授をはやし立てたりして、あたかも学校の「茶話会」であるかのような馬鹿騒ぎを演じたという。大学のない鹿児島にあっては、旧制高校生は「麑城《げいじょう》に於る最高学府の生徒」であった。芸術座の劇は、これら地方都市の知識階級の茶話会的な雰囲気の中で享受されていたのである。

「殺風景な芝居」

とはいえ、地方の誰もが芸術座の演劇を理解できたわけではない。むしろ、地方においては新劇に接する機会がまれであっただけに、理解できない者の方が多かった。特に旧来からの演劇に慣れ親しんできた高齢者層がそうであった。初めて新劇というものに接した地方の人々の戸惑いを、地元の新聞は半ばからかい気味に次のように伝えている。

米沢「老人連などが後でコボして居るのを聞くと、新らしい劇が大多数の観客に理解し得なかつた事を証拠立てて居る（中略）第一の『嘲笑』と第二の『復活』とが同

じ劇の続きである様に考へて居て大分面食つた連中もあるらしい」（『米沢新聞』、大正五年八月九日）

都城「当地では斯《か》くの如き芸術は初めての開演で、従来の観劇振りでは迚《と》ても意味深長なる点は思ひ出されもせず、三味も鳴らず太鼓も打たず殺風景な芝居だと某々氏抔《など》が話してる」（『三州日日』、大正七年四月一六日）

しかし、このような例はまだましな方で、抱月・須磨子の不倫関係が社会道徳を破壊するものだとして、ときには激しい排斥運動が巻き起こる場合もあった。大正五年一二月の静岡の千鳥座での巡業はその極端な例である。

地元の『静岡民友新聞』が強硬な排斥キャンペーンをくり広げ、「この風教《ふうきょう》の賊を葬れ」「霊も肉も爛《ただ》れた様な此《この》自堕落の態を見よ」と連日にわたって、芸術座攻撃を紙面上で展開した。中学校や師範学校の教師も加わって、「私の学校では生徒一人でも此邪劇を観覧せぬやうに厳重な訓示を与へ」「教師をして千鳥座前で厳重に生徒を監視してゐます」といった調子で生徒の観劇禁止を打ち出し、強硬なボイコット運動を起こした。そのせいで、客の入りは散々だったという（『静岡民友』、一二月四―七日）。しかし、静岡の例はきわめて例外的なケースで、一般的に芸術座は地方においては歓迎されていた。

巡業による唄の再発見

では、芸術座の『復活』の巡業に観客として訪れた人々は、劇中歌「カチューシャの唄」をどのように聞き、どのような反応を示したのであろうか。

元祖の再発見

各地の地方新聞から観客の反応を探ってみると、まず第一に指摘されるのは、「カチューシャの唄」の元祖、本家としての松井須磨子《まついすまこ》という存在が、芸術座の巡業によって改めて再発見されていることである。「カチューシャの唄」自体は大正三年（一九一四）に全国的に流行したため、多くの人々はレコードや映画、演歌師、友人等を通じてすでに知っている歌であった。そのような人々にとって、松井須磨子は「カチューシャの唄」の元祖、本家として意識された。

福岡「『カチューシャ可愛いや』の開祖だけに人気は非常なものだ」（『福岡日日』、大正四年二月一日）

熊本「カチューシャの本家だといふから唄を聞かうと思つて観に行つた、全く元祖だけあつて須磨子の唄は実にうまいものだ」（『九州日日』、大正四年二月七日）

長崎「日本の津々浦々までカチューシャ可愛の唄に依つて知れ渡りたる本家の松井須磨子を今始めて眼の前に見る次第なれば所謂《いわゆる》猫も杓子《しやくし》も押出すと云ふ盛況」（『長崎新聞』、大正四年二月一〇日）

ここにおいて注目されるのは、ある流行歌の「元祖、本家」という意識のあり方である。それまでの流行歌は特定の演歌師が歌い始めたとしても、聴き手の側においては、歌の特定個人への帰属が意識されることは少なかった。歌は誰かが歌いだしていつの間にか自然にはやっていく「はやり唄」であり、そこにおいて「誰が」歌いだしたかということはそれほど重要なことではなかった。演歌師の添田唖蟬坊《そえだあぜんぼう》や神長瞭月《かみながりようげつ》が演歌を作るケースも多かったが、かといって、唖蟬坊や瞭月が元祖、本家として聴衆から特別視されるようなことはなく、彼らも数ある路上の演歌師の一人にすぎなかった。

「カチューシャの唄」においてはじめて、その歌を最初に歌った人、その歌の発信源、起源としての「元祖、本家」という意識が誕生してくる。歌と歌い手とはいまや緊密に結びつき、相互に参照関係を取り結び、流行歌＝歌い手というセットとして考えられるようになる。

メロディの同一性

第二に、「元祖」松井須磨子が歌う「カチューシャの唄」には、歌の流布に関わる重要な意義があった。それは一言でいえば、歌のメロディの同一性という問題である。

レコードという複製技術の普及度が低いこの時期においては、歌の流通の多くは演歌師にみられるような人から人への直接コミュニケーションを介して行われた。その結果、ちょうどテクストの場合の写本と同様に、歌のメロディにもさまざまなヴァリエーションが生まれてくるのは避けられなかった。

この点に関して、添田知道《ともみち》が『演歌師の生活』の中で紹介している、北原白秋《きたはらはくしゅう》作詞・梁田貞《やなだただし》作曲の「城ケ島の雨」（大正二年）の例が示唆的である。演歌師二人があるレコード会社で「城ケ島の雨」の吹き込みを行っていたところ、ちょうど作曲者の梁田貞が通りかかって聴いていたが、「なんだ、ひどくちがうなあ」と苦笑したという。プロの歌い手である演歌師ですら、本来のメロディとは「ひどくちがう」メロディを歌っていたことがわかる。

歌詞の同一性は歌本という印刷メディアによって保たれるとしても、楽譜を読める者は少なく、メロディの同一性を担保するレコードはまだ一般化していなかったから、日本全国に伝播していく間に、「カチューシャの唄」のメロディはオリジナルなものからどんどん変化していった。松井須磨子自身が大阪巡業の際に次のように証言している。

此方《こちら》に参つても矢つ張りカチューシャの歌をよく聞きますが、どうも本当の節で歌つてる人が御座いません（『大阪朝日』、大正四年五月一三日）。

通常の流行歌の場合には、レコード以外には「本当の節」を確認するすべはなかった。しかし、「カチューシャの唄」の場合には、芸術座の全国にわたる四四四回の巡業によって、「元祖」松井須磨子自身の歌によって、「本当の節」を確認する機会が全国各地において数多く生み出されていったのである。それは日本のみならず、外地においてもそうであった。大正四年一一月の朝鮮巡業で、松井須磨子は京城新聞社のインタビューに次のように答えている。

あの「カチューシャ可愛や」の唄ですが、あの唄は今では日本中に拡《ひろが》つて了《しま》ひましたけれども、世間で唄つてますのはなんだか讃美歌めいて居ますけれど、芸術座でうたひますのはあれとは少し調子の変つたもので、日本の小唄の調子と西洋の歌謡《うた》の韻調《メロデー》を採つて作つた一種特別な味《あぢはひ》の有るものです（一一月八日、ルビは原典に従った）。

ここではからずも、松井須磨子は世間で歌われている「カチューシャの唄」と、芸術座が劇中で歌う唄と、ふたつの「調子」に唄が分化を遂げつつあることを明らかにしている。そして、芸術座の地方巡業は、須磨子の正統的な正しい「カチューシャの唄」を人々に改めて再認識させる効果をもたらした。

リバイバル現象を誘発

第三に、芸術座の来演をきっかけに、各巡業地で再び「カチューシャの唄」が流行し、リバイバル現象が起きている。以下の例は青森と長野のものであるが、他の巡業地でも多かれ少なかれ、リバイバル現象が起きたものと思われる。

青森「須磨子が来たといふので、此頃《このごろ》唄はれなくなつたカチュシャが再び唄ひ出された」（『東奥日報』、大正五年七月二五日）

長野「一時北海の津々南洋の浦々迄謡《うたい》はやされて漸く忘れられかゝらんとするカチューシャの歌はまた燎原の焔の勢もて信濃の野に山に謡はやさるゝであらう」（『信

濃毎日』、大正四年一月一三日）

また、芸術座の巡業によって、唄のみならず、『復活』が再び読まれ出すという現象も起きている。

米沢「須磨子のカチューシャで刺激されたかして、『復活』が早速読まれてゐる」

（『米沢新聞』、大正五年八月一二日）

地方巡業の効果

従来の街頭演歌と異なる「カチューシャの唄」の重要な特徴は、芸術座の巡業によって、この唄が五年間にわたって日本全国・外地のさまざまな劇場で歌われ続けたことにある。それはいわば現在のライブ演奏の地方公演にも似て、ナマのステージを五年間にわたって地方の観客に提供し続けた。このような事態はそれまでの流行歌の歴史においては初めての出来事であった。

そして、そのことが、この歌が一時的な流行歌の域を脱して永続的な流行歌、いわば流行歌の古典的なスタンダードへと成長する一因となった。

この点に関して、芸術座の脚本部員であった楠山正雄《くすやままさお》は大正五年に、「芸術座ができてからまる三年、今日まで何を芸術座はしたでせうか。極端に云へば、カチューシャの唄を満州台湾までひろめたといふだけではありませんか」と抱月宛ての公開書簡の中で書いている（「島村抱月先生に」）。「カチューシャの唄」の人気によって、芸術座は日本全国津々浦々まで巡業することが可能になったが、逆にいえば、芸術座の全国・外地にわたる巡業によってはじめて、「カチューシャの唄」は通常の流行歌では考えられないほど広範囲の流行が可能になったのである。

第二に、「カチューシャの唄」は、東京と同様に地方においても、その都市の代表的な一流劇場のステージで、学生を中心とするその都市の代表的な知識階級の人々の前で、須磨子というスター女優によって歌い続けられている。すなわち、東京における帝劇公演と熱狂的な学生・新中間層観客という受容構造が、芸術座の巡業を通じて全国規模で反復再生産されていった。

この背景として、岩町功は「大都市中心に育った文化メディア（新聞、書籍、演劇、映画、レコード等）が急速に地方へ普及し、又その享受者も一部知識階級からより広範な民衆へと拡がってきた」と指摘している（『評伝島村抱月』）。地方の新中間層における多様なメディアの普及と新しいモダン文化の発達を基盤にして、芸術座の新劇と「カチューシャの唄」は全国的に享受されていった。

「カチューシャ裁判」

キスの場面が問題に

以上のように、芸術座の四四四回にわたる地方巡業によって、『復活』と「カチューシャの唄」は全国にわたって一大ブームを巻き起こしたが、それゆえに、検閲や興行権、さらには劇中歌の著作権に関してさまざまな法的問題を引き起こし、裁判にまで発展している。

『復活』の劇中でまず問題になったのは、第一幕で侯爵ネフリュドフとカチューシャがキスを交わす場面である。キスの場面は二人が唄を歌い終わった直後に登場する。男女間の性道徳に対する人々の意識が格段に厳しかった当時においては、キスに対しても問題視する保守的な人々が少なからず存在していた。

この問題が最初に表面化して取り上げられたのは、大正三年七月の大正博覧会においてであった。博覧会の常務委員長がこのキス問題を取り上げて、常務委員会総会で「去《さる》十八日来演芸場で演じて居る復活は実にけしからん、博覧会はナゼあんな猥褻《わいせつ》極まるものを許したか、男と女がキッスをする処《ところ》を演ずるなどは風教上に甚だ害がある」と激しい批判を行ったという（『都』、七月二二日）。

その後、このキス問題に関しては、大正四年に巡業先の福岡県久留米市で、地元の警察署が『復活』の公演を差し止めて脚本を変更させるという事態にまで発展している（『東京朝日』、大正四年三月二日）。

演劇の興行権

しかし、『復活』に関して最も問題になったのは、演劇の興行権に関してであった。明治から大正にかけて、さまざまな新劇団体が誕生しては消えていったが、これらの劇団は相互に似たような演目を上演している。『人形の家』『マグダ』『サロメ』といった劇は、複数の劇団が好んで取り上げる人気演目であった。島村抱月は各劇団があまりにも『サロメ』を上演するので、「まるで新劇壇の勧進帳《かんじんちょう》でもあるやうに見えて来た」と嘆いているほどである（『読売』、大正四年四月二四日）。その結果、時にはある劇団の予定演目を、別の劇団が先に上演してしまったりすることもしばしばであった。

『復活』は『サロメ』以上に人気があったから、芸術座以外の劇団が目をつけるのは必至であった。後述する『復活』の興行権をめぐる訴訟の過程で、さまざまな新劇団体が実際に『復活』を上演していたことが明らかになっている。

他劇団の『復活』上演

なかでも最も大々的に『復活』を上演していたのは、上山草人《かみやまそうじん》の率いる「近代劇協会」であった。草人が『読売新聞』に寄せた一文によれば（大正四年三月一三日）、大正三年六月に鹿児島で土地の後援者の要求で営業上やむをえず『復活』を上演したのが最初で、次いで、その夏、佐賀、神戸、呉《くれ》、朝鮮、満州、台湾でも『復活』を上演したという。

ここに登場する上山草人という人物は、その妻山川浦路《やまかわうらじ》とともに文芸協会演劇研究所の第一期生で、松井須磨子と同期である。大正元年に近代劇協会を設立している。草人は後にアメリカに渡ってハリウッド映画『バグダッドの盗賊』で名を上げ、早川雪洲《はやかわせっしゅう》に次ぐ名優となる。

『佐賀新聞』を調べてみると、近代劇協会は大正三年七月三日から七日まで佐賀で巡業した際に、最終日に一日だけ『復活』を上演している（『佐賀新聞』、大正三年七月七日）。

配役はカチューシャに山川浦路、ネフリュドフに笹本甲午が扮している。

近代劇協会の他にも、桝本清《ますもときよし》らの「新時代劇協会」が大正三年の一一―一二月に北海道巡業を行なった際に、函館で『復活』を上演している。これは協賛した函館新聞社が愛読者半額優待を行なった際に、「ヒイキのある方面から『復活』をとの注文」を受けて、二の替わり芸題として二日間上演したものである。カチューシャに岩間桜子《いわまさくらこ》、ネフリュドフに澤田正二郎《さわだしょうじろう》という配役である。『函館新聞』の劇評を読むと、「幕切の唄の哀音も劇の効果を余程助長してゐた」（一二月二二日）とあり、「カチューシャの唄」も実際に歌われていたようである。

さらに、抱月によれば、「吾声会」が下関と佐賀で上演していたという（『読売』、大正四年三月一六日）。『関門日日新聞』をみると、大正三年の一二月三日―四日の二日間にわたって、稲富寛《いなとみひろし》の率いる吾声会によって『復活』が上演されている。この吾声会公演は非常な好評を博したようで、前売り段階で六〇〇〇枚もの入場券の予約があったという（大正三年一一月二九日）。

このように、大正三年の六月頃から『復活』は他の新劇団の興行するところとなっていたが、当初、抱月はそれらをある程度黙認していた。また、他の劇団の側でも本格的に

『復活』を取り上げるのではなく、あくまでも最終日などに一―二日程度上演するにすぎなかった。芸術座に対してかなり遠慮している節がみられる。抱月もこの点については十分に自覚しており、のちに次のように述べている。

それらは芸術座が之《これ》から行かうといふのを知つて先回りをして荒らすといふやうな遣り口でないため、芸術座の利害と衝突しないのと一つは其《その》団体の境遇に同情して気の毒だと思つたのとで、別に何《ど》うしやうとも思ひませんでした（中略）近代劇協会とても、初めの程は、よく〳〵困つて其窮境を脱するためか、又は座興半分に一度か二度やつたのだらうと思つて、同じく軽々《けいけい》に看過してゐました（『読売』、大正四年三月一六、一七日）。

近代劇協会を訴える

しかし、大正三年の秋以降、他劇団の興行がだんだんエスカレートし始める。とりわけ上山草人の近代劇協会の動きは目に余るものがあった。抱月によれば、近代劇協会は朝鮮・満州・台湾の一六か所で巡業し、各地で『復活』を二―三日間上演して相当の観客を集めたという（『読売』、大正四年三月一七日）。芸術座も朝鮮・満州への巡業を計画していたため、行き先を荒される形になった。

また、近代劇協会の『復活』はにわか仕立てのつたない芝居であったため、『復活』のイメージを損なうこと甚だしく、芸術座の『復活』も「またあんな芝居かと言つて、危ぶんでゐた人が多く」、そのために多大な被害を被ることがあったという（『読売』、大正四年三月一七日）。

さらに、大正三年の一二月になると、一日に近代劇協会が門司《もじ》・凱旋座で、三―四日には吾声会が門司・稲荷座で、二〇―二二日には新時代劇協会が函館・巴座で、それぞれ『復活』を上演するという事態になっていた。明けて大正四年一月にも松山・寿座で近代劇協会が『復活』を上演している。

ここに至って、抱月は意を決し、大正四年一月に近代劇協会を相手取って『復活』の興行権をめぐって裁判を起こした。その動機として、抱月は「芸術家として芸術的立場からやつた事では勿論《もちろん》ありません、芸術座といふ一団体を維持する経済的立場からです」（『読売』、大正四年三月一六日）と、経済的利害を強調している。

訴訟の詳細について、『読売新聞』の報ずるところによれば（大正四年一月七日）、訴えられたのは近代劇協会の主宰者上山草人およびその妻で女優の山川浦路で、訴訟内容は脚本『復活』と楽譜「カチューシャの唄」の興行停止ならびにその侵害に対する損害賠償であった。訴訟提起の理由として、『復活』の脚本はトルストイの原作とバタイユの脚本を参考にしてはいるが、抱月が日本の俳優に適するように改変したもので、「名は翻訳でも実は殆《ほと》んど創作に近いものである」として、次のように説明している。

上山草人、山川浦路一行の近代劇協会は呉《くれ》、佐賀、鹿児島の三ヶ所で四回これを上演した。これを聞いた島村氏は斯《か》くの如きは芸術座の大黒柱に鼠がついた様なもので将来太《はなは》だ怖るべきであると云ふので一回興行三百円、四回分千二百円の損害賠償と今後不作為の訴訟を起されたわけで「カチウシヤ」の唄はトルストイの原作にもバタイユの脚本にも全然無いもので全く島村氏が独創の見を以て作歌したものであると云ふ。

唄が重要な争点に

新聞記事にもあるように、この訴訟において注目されるのは、「カチューシャの唄」が重要な位置を占めている点である。この唄を歌う二度の場面が『復活』の一番の見せ場になっていたから、『復活』劇においてこの唄を歌わないと観客が承知しない。先にみたように、新時代劇協会の函館巡業の際にもこの唄が歌われていた。

脚本に関しては改変を加えたとはいうものの、あくまでも翻訳という二次的著作物であり、創作性に関して若干弱い点があったが、「カチューシャの唄」は島村抱月・相馬御風《そうまぎょふう》作詞、中山晋平《なかやましんぺい》作曲による純粋な創作である。その意味で、この訴訟の重要部分を支えていたのは脚本よりもむしろ唄の方であったということができる。

訴えられた上山草人は、「近代劇協会の演ずる『復活』は全然島村氏の翻訳に依らず原作の精神により別に脚本を作りて演じ居れば無断興行などといふことは思ひも寄らず」（『山陽新報』、大正四年一月一〇日）と反論しているが、たとえば台湾《たいわん》巡業の際に地元の新聞で紹介された梗概をみると、芸術座のそれとほぼ同じであり、第一幕の唄の場面でも、「ネフリュドフはカチューシャに歌を唄はせる。これが『カチューシャ可愛や別れの辛さ』の歌で二人は軽く手を打ちながら唄ふ」と、同じような仕草で「カチューシャの唄」が歌われている（『台湾日日』、大正三年一〇月二七日）。

裁判は和解へ

訴訟のその後の経過は意外な展開となる。第一回の弁論では、裁判長によって抱月の脚本の創作性やトルストイ自身の著作権に対する意思等の問題が持ち出されたが、その後、大正四年四月八日の第二回口頭弁論に先立って、裁判長は「本件は法律上の問題は兎《と》も角《かく》、主として感情の問題らしく思はれるを以て、本官は職権を以て和解を勧告する」と言い渡した（『読売』、四月九日）。

ここで裁判長が「感情の問題」と表現しているのは、かつて芸術座が近代劇協会の俳優を無断で引き抜いたため、上山草人が抗議するという「俳優奪取事件」があり、そのために両劇団の関係が悪化していたことを指しているらしい（『読売』、大正四年三月一〇、一一日）。

和解勧告に関して双方に特に異議はなかったため、和解の交渉が進められ、四月二二日に抱月と草人が出廷して示談《じだん》調停が成立した。その内容は①被告上山草人は今後『復活』を興行しないこと、②原告島村抱月は損害賠償請求を取り下げること、③訴訟費用は双方の負担とすることの三点であった。

こうして、別名「カチューシャ裁判」と呼ばれた『復活』の興行権をめぐる裁判は和解というあいまいな形で終わりを告げたが、抱月の側にとっては、今後近代劇協会に興行先を荒らされる心配がなくなったばかりでなく、同時に、この裁判の新聞報道を通じて、『復活』の興行権が芸術座に帰属することが社会的にも公認された形となった。他劇団の参入も不可能になり、人気演目『復活』を今後もほぼ独占的に興行することが保障されたのである。こうして、損害賠償を得ることはできなかったが、裁判の当初の目的である「経済的」な目的はほぼ達せられた。

流行歌の著作権

「カチューシャ裁判」の過程で浮上してきたのは、流行歌の著作権に対する考え方の変化である。秋田雨雀《あきたうじゃく》は近代劇協会を代表して、世間的に流行している流行歌は舞台の上で自由に歌ってかまわないはずであるとして、次のような見解を述べている。

殊にカチューシャの唄の様なものが世間的にポピユラーになつてゐるから、単にその唄を歌つて入場料を取るものでない以上は、唄を歌ふのは何らの罪を構成しないわけである。この証拠には、今此処《ここ》に一つの新しい創作劇があつて、これに出演する一人の人物が実際流行中のカチユーシャの唄を舞台で歌つても、興行権侵害とは云へない（『読売』、大正四年三月一〇日）。

秋田雨雀のこの見解で焦点となっているのは、〈舞台で歌う〉という行為である。〈街頭で歌う〉流行演歌と、〈舞台で歌う〉「カチューシャの唄」とでは、その権利関係と収益構造が大きく異なってきていることに注意する必要がある。

街頭で歌われる流行演歌においては、歌本の販売が唯一の収入源であり、何よりも重要なのは歌本の複製権であった。添田知道は『演歌師の生活』の中で、演歌同業組合発行の歌本を無断で印刷する行為を著作権侵害だと非難している。海賊版の歌本が横行すれば、それだけ収益が圧迫されるからである。

また、街頭演歌においては、歌の歌唱行為自体は歌本販売のための付録的存在でしかなく、歌唱行為にともなう権利関係は発生しなかった。むしろ、街頭で多くの演歌師に歌われて流行すれば、それだけ自分たちの発行した歌本が売れて収入に結びつくことになる。

これに対して、「カチューシャの唄」の場合には、もちろん演歌師によって街頭で歌われることもあったが、芸術座の収入になるのは歌本ではなく劇場の入場料金であった。この時期にはレコード化に際しては一時的な吹き込み料の収入があるのみで、レコード売り上げにともなう印税制度はなかったから、劇場の入場料収入が芸術座の最大の収益源であった。

したがって、「カチューシャの唄」の場合に著作権侵害という意識が起きてくるのは、他劇団が入場料を取って舞台の上で「カチューシャの唄」を歌う場合である。近代劇協会の場合がまさにこのケースであった。そして、歌唱行為自体が権利関係の争点となるこのような事態は、流行歌の歴史において初めての出来事であった。

このように、権利関係においても、収益構造においても、「カチューシャの唄」は従来の街頭演歌とはまったく異なった段階に位置している。路上ではなくステージで歌われたことによって、「カチューシャの唄」は流行歌の権利と利害にかかわる現代的な問題を先駆的に体現している。

映画での唄の使用権

そして、社会の側においても、「カチューシャの唄」の著作権を認める動きが早くも出始めていた。「カチューシャの唄」の映画での使用権について、抱月は新聞の取材に次のように答えている。

・日活会社へ対しては枡《ます》の中でカチューシャの歌丈《だ》け唄はして呉れといふ交渉があつたので夫《そ》れ丈けは承認を与へてあります（『東京朝日』、大正四年一月七日）。

・某活動写真であの歌を歌はせることを許して呉れといふ交渉や、名古屋の燕嬢氏から其《その》一団で他日「復活」を演ずることを許して呉れといふ交渉やには、すべて承諾を与へました（『読売』、大正四年三月一七日）。

このように、映画会社が映画の製作に際して、歌の使用許可を芸術座に求めている点は注目される。「カチューシャの唄」の著作権が映画製作者をはじめ社会的にも広く認められつつあったことがわかる。

この時期の音楽著作権に関しては、桃中軒雲右衛門《とうちゆうけんくもえもん》の浪花節のレコードの複製盤差し止めをめぐる訴訟がこれまで注目されてきた。この訴訟は結局大正三年の大審院判決において、浪花節には「音楽著作権」が認められないとして、複製盤の販売が容認される結果となり、レコード業界に大きな衝撃を与えた（増田聡「音楽「著作権」の誕生」）。これと対照的に、「カチューシャの唄」の場合には、すでに当時の人々の意識や社会実態レベルにおいて、音楽著作物として広く認識されつつあった。

〈歌う文化〉と流行歌の近代

〈歌う文化〉の時代

路上にあふれる歌声

これまでの章では、おもに島村抱月《ほうげつ》・松井須磨子《すまこ》・芸術座の側から唄の誕生と伝播についてみてきたが、ここで視点を変えて、「カチューシャの唄」が当時の社会においてどのように歌われていたのかをみてみよう。これまでの各章においてもある程度取り上げてきたが、改めてこの唄の歌われる場面に焦点を当てて、明治大正の社会において歌がどのように享受されていたのかを考えてみたい。

大正初期においては、レコードという新しい音声メディアの一般家庭への普及はまだまだ低かった。では、レコードの普及度がまだ低かったこの大正初期に、人々が個人的にあるいは家庭において流行歌を楽しもうとした場合に、どのような方法があるであろうか。

再生装置がないわけであるから、自ら歌うか、あるいは他の人が歌うのを聴くか、さらには、複数でいっしょに歌うしかない。いずれにしても、そこにおいては〈声に出して歌う〉という人による再生行為が必然的に発生してこざるをえない。

実際にも、当時の新聞記事を読むと、明治から大正初期の人々が日常生活のさまざまな場面で盛んに歌っているケースに出くわす。たとえば、次の記事は歩きながら歌を歌って行く書生《しよせい》の例である。

窓の外を書生が歌を歌つて通る「あゝ夢の世や」といふ縁日歌が少し廃《すた》つたと思つたら、同じ節で「爰《ここ》は皇国《みくに》の何百里」を歌つて通る、厭味な声だ物欲さうな声だ、あの歌は声の出し方が浪花節《なにわぶし》に似てゐる、抑揚が薩摩琵琶《びわ》に似てゐる（『読売』、明治四三年〈一九一〇〉七月一〇日）。

「あゝ夢の世や」は神長瞭月《かみながりようげつ》作の「松の声」（明治四〇年頃）、「爰は皇国の何百里」は真下飛泉《しもひせん》作詞の「戦友」（明治三八年頃）で、この書生は路上を流して歩く書生演歌師の一人だと思われる。このような別名「読売書生」が明治四五年には東京市内だけで一〇〇人以上いたという（『読売』、明治四五年三月二六日）。権田保之助《ごんだやすのすけ》の大正一二年（一九二三）の調査でも、演歌師は東京で三〇〇人、東京以外でも三〇〇人くらい活動していた（『娯楽業者の群』)。彼ら演歌師の歌う声が路上にはあふれていた。

さらに、演歌師以外の民衆も路上を歩きながら歌っていた。次々節で紹介する「夜の宿」の挿入歌を歌って行く学生の例や、また、時期は下がるが、尼港《にこう》事件(シベリア出兵中の大正九年にニコライエフスク港で起きた共産パルチザンと日本軍との衝突事件)の歌を歌って行く次のような道路工夫の例がある。

或る日の夕方、数人の道路工夫は、声を揃へて尼港の歌を唄つて彼等の住居に急ぐを見たとき、感慨無量であつた(添田知道《そえだともみち》『演歌師の生活』)。

〈歌う文化〉の時代

現在の私たちは歩きながら、あるいは日常生活において声に出して歌うという習慣を失ってしまっている。鼻歌程度ならともかく、歩きながら大きな声で歌っている人は奇異の目で見られるか、酔っぱらいと間違われるかのどちらかである。カラオケが発展してきたのも、このような日常生活からの歌唱行為の排除の反動作用かもしれない。

私たちにとって、流行歌を楽しむということは歌うことよりもむしろ聴くこと、ステレオ、ウォークマン、iPod等の再生装置で歌を再生して聴くこと、リスナーであることを意味している。現代において、音楽文化は圧倒的に〈聴く文化〉である。

しかし、再生装置の普及していないこの大正初期においては、人々が流行歌を享受するということはイコール歌を歌うということに他ならなかった。聴いて楽しむためには、演歌師であれ個人であれ、まず誰かが声に出してナマで歌うという人による再生行為が欠かせなかったのである。

そして、人による再生行為は何ら機械的設備を必要としなかったから、路上でも、労働しながらでも、家庭においても、いつでもどこでもすぐに再生すること＝歌うことが可能であった。このことが当時の人々の日常生活において、現在の私たちよりも頻繁に歌う行為が登場してくる理由である。声に出して歌うという行為が、人々の日常生活においてきわめて普通に行われていた時代である。

そして、人による再生行為は必然的に複数で歌う合唱行為へと結びつきやすい。合唱、すなわち〈歌の集団的再生〉もこの当時広くみられる歌の享受形態であった。

このような当時の歌の享受環境の中に登場した「カチューシャの唄」も、当然のように盛んに人々によって歌われていた。

家庭内で歌う

『萬朝報《よろずちょうほう》』（大正三年八月一一日）に「カチューシャの唄」の流行現象を分析した記事がある。その中に、この唄が歌われた実際の例がいくつか紹介されていて興味深い。たとえば、四国で最初にこの唄を「輸入」したのはある教会の牧師であったが、彼はそのために学校の諸先生方から大変な非難を浴びたという。しかし、

其《その》先生方が自宅へ帰ると自由な感情の漏れ口を得た子供達は口を揃へてカチューシャ可愛いや、を唄つてゐる始末なのだから面白い。

学校の先生のような流行歌に厳しい家庭においても、その子供たちが盛んにこの唄を歌っていたことがわかる。「口を揃へて」とあるように、ここでも子供たちは合唱している。

もうひとつ、文学者生方敏郎《うぶかたとしろう》の例も紹介されている。

能《よ》く皮肉なものを書いては文壇を騒がせる彼の生方敏郎君の近所でも此頃移転して来た一家十数人の大家内が昼夜幾回となくカチューシャを合唱するので、生方君ひどく辟易《へきえき》して、引越さうかと思つてゐる。

親と子供がいっしょになって一家十数人が昼夜を問わず「カチューシャの唄」を合唱しているという。このようなケースは生方敏郎の隣家のみではなく、日本全国の家庭でも多かれ少なかれ似たような状況がくり広げられていたと思われる。それにしても、隣家が引っ越したくなるほどの音量で一家十数人が合唱するということが普通に行われていたこと

に驚かされる。

旧制高校で歌う

大正三年六月頃、関西でも「カチューシャの唄」ブームは沸騰し、特に京都の第三高等学校（現、京都大学）での流行ぶりはすさまじかった。厨川白村《くりやがわはくそん》教授が禁止令を出すほどであったが、これは逆効果で生徒たちの反発を招いたという。『読売新聞』がその顚末を紹介しているが、旧制高校生がこの唄をどのように歌っていたかを示唆する非常に興味深い記事である。

芸術座の「復活」劇で天下に鳴り響いた「カチウシヤ可愛いや」の唄は殊に関西で、幕間に須磨子が独唱したとかで京阪では今猫も杓子《しやくし》もうたつてゐるが、中でも京都の三高では大した流行で、休みの時間には、此所《ここ》に三人彼所《かしこ》に五人数団となつて淡雪のとけぬ間を惜しんでゐる、所が之れを聴いた教授厨川白村先生は、どうした訳か怒り心頭に発し生徒一同を集めて此の唄の厳禁令を発した。生徒は「へえ」と大不平を起し「何んだ」と叫び次の日厨川先生の登校を要して運動場から二三百の生徒が「カチウシヤかわいや」と唄ひ始めた、先生大いに驚いて教授室へ飛込んだが、爾来《じらい》先生の顔の現れる度に生徒一同はそれとばかり大合唱をやるので先生はトルストイそのまゝの渋面をつくつてゐると京童の評判々々。尚ほ女子大学の寄宿舎でも「カチウシヤの唄」は近頃青年男子が唄つて歩くから貴女方は唄つてはいけませんと、禁止のお布令《ふれ》が出たさうだ（『読売』、六月一七日）。

三高の生徒たちはこの唄を校内で歌っている。しかも、一人で歌うのではなく、休み時間に三人、五人とグループをつくって集団で合唱するような歌い方をしている。この歌い方は、すでに歌を歌えるようになった生徒がまだ覚えていない他の生徒に教えているケースか、あるいは歌える生徒同士で合唱して楽しむ場合が考えられる。唄がもっぱら生徒間の人的つながりを介して伝播していたことがうかがわれる。

この記事でもうひとつ注目されるのは厨川教授の禁止令に反発して、生徒たちが二〇〇―三〇〇人という大人数を組織して大合唱している点である。すなわち、彼ら三高の生徒たちにとってこの唄は誰もが歌える共通の愛唱歌であり、彼らの団結の象徴として教員・学校側に対する抵抗のシンボルとなっていたことがわかる。学生たちが抗議行動の際に校歌を高唱したり、労働者がデモ行進しながら革命歌を歌う例は珍しくないが、「カチューシャの唄」もそのような歌われ方をしていた。

旧制高校生や大学生の音楽文化に関しては、これまで寮歌や校歌、応援歌が注目されてきたが、現在の若者と同じように、感受性の強い青年期にある彼らは新しい流行歌にも敏感であった。しかし、従来の街頭演歌はどちらかといえば民衆層の歌であり、少数の知的エリートである彼ら学生生徒が共通に愛唱する歌とはなりえなかった。「カチューシャの唄」の登場によって初めて、彼ら学生生徒は寮歌や校歌以外に、共通に愛唱する彼ら自身の歌を持つことができたのである。

小学校で歌う

雑誌『信濃教育』の編集長小野惣平は、小学校時代の「カチューシャの唄」体験を次のように回想している。大正初期に長野県の山村の小学六年生であった小野少年が校舎の階段を昇ろうとした時であった。

高等科の衆が四、五人階段の踊場で、顔をよせあつて小さなこえで、
カチューシャかわいーや／わかれーの　つぅらあさー
とうたつてゐた。学校で教はる唱歌とはまるで違つた唄だ。私は、あッ、あの衆はやだな、はやりうたを唄つてるで、と思つた。しかし間もなく誰に教はつたでもないが、私もいつの間にかその唄を覚えてしまひ、他人がうたつてゐれば、腹の中でちやんと一緒についていけた（『信濃教育』九四七号「編集後記」）。

この小学校では、あまりの流行ぶりについに校長が禁止令を出すが、それでも唄の勢いは止まらず、村の若い衆から小学生までのほとんどが唄を覚えてしまったという。大正初

期の信州の山村という伝統的な地域共同体の若者と少年たちをとらえた歌。小野はそれを一種の猛烈なはやり風邪であり、広いすすきの原を渡る風の勢いと表現している。「カチューシャの唄」はまさに山奥の村に吹き寄せる清新な西洋メロディの風であった。この小学校においても、やはり高等科の生徒が四、五人集まって歌っている光景が印象的である。

東京の小学生の間においても、「カチューシャの唄」はよく歌われていた。大正四年の調査によれば、東京市内の小学生の間で流行している俗謡は二〇余種で、最もよく歌われていたのはカチューシャ節、マックロケ節の二つで、その他、ハイカラ、トコトンヤレ、カッポレ等も流行していたという（『読売』、大正四年七月四日）。

公共空間で歌う

旅先のいたる所で青年男女が「カチューシャの唄」を歌うのを聞いて驚いたという投書が、大正三年八月一三日の『都《みやこ》新聞』に掲載されている。署名が「麴町《こうじまち》有楽生」とあるので、東京の在住者だと思われる。

記者足下《そっか》、私は暑中休暇を利用して北陸道から京阪地方を漫遊しましたが、到るところ彼の『カチューシャの歌』が流行つてゐるには一驚を喫しました。彼の謡《うた》は、これを『復活』劇中に在つて聴く時は、真情の惻々《そくそく》として人を動かすかのやうに思はれますが、之れを復活から離して単に一個の謡として聴けば淫媚《いんび》な歌です下品な歌です、星党《せい》菫党《きん》（星菫派―星、菫などに託して恋愛をうたう浪漫派詩人）等の唱和に価する極めて卑猥な歌です、風格も声調も下劣な歌です、私は到るところの青年男女が、此の歌をうたふを聴いて、誠に情なく思ひました。

北陸道から京阪地方の漫遊とあるから、おもに鉄道を利用した旅行であり、汽車の車中や駅、旅行先といった旅の途中で聞いたのであろう。家庭や学校といった閉ざされた空間ではなく、このような開かれた不特定多数の集まる公共空間でも、「カチューシャの唄」が盛んに声に出して歌われていた。

小僧が路上で歌う

当時の「カチューシャの唄」の流行ぶりを表す例として、路上で御用聞きの小僧までが歌っていたという回想が少なからず残されている。当時女学生であった網野菊も、「御用聞きの少年青年が自転車に乗って唄って行った」と回想しているが、これについてはすでに紹介した。中山晋平《なかやましんぺい》自身の回想にも、ハーモニカで唄を演奏する小僧さんが登場してくる。

或る夜、芝居を終へての帰途、近所で見知らぬ小僧さんらしいのが、ハーモニカで「カチューシャの唄」を吹いて行くのを耳にして、夜道を立止つて、何とも云へない感激で胸が膨れて行くのを、じつと押さへたことを記憶して居る（「作曲生活廿年を語る」)。

この回想は三月の帝劇公演直後の頃についてのものであるが、「カチューシャの唄」がいち早く小僧によって覚えられていることに、若き晋平はいたく感激している。ところで、商店の小僧という存在は御用聞きや配達などで、朝から晩まで町内一帯を広く移動している人々である。そのため、同じ町内に住んでいる人々は、町内を駆け回る小僧の姿を目にする機会が必然的に多くなる。また、小僧の側においては、一〇代という多感な年頃であり、流行歌に対する感受性がきわめて高い時期である。最新流行歌をいち早く覚えて、それを移動中に歌って自分で楽しむことは自然な成り行きであったといえよう。

ユーモア作家玉川一郎の自伝にも、「カチューシャの唄」を歌って交番の巡査に叱られる小僧さんが登場する。

ある日二人が元町から電車通りに出て、本郷三丁目の交番のところにさしかかると、自転車に乗って通っていた十七、八の子僧さんが、交番のお巡りさんに呼び止められて、叱られていた。

「今、お前、口笛を吹いたり歌を歌っていたろう」

「へい」

「あんな歌を歌ってはいかん、いいか」

子僧さんは、へいと不服そうに頭をさげて自転車に乗っていった。私と勝ちゃんは顔を見合せて、眼をパチクリさせた。子僧さんの歌っていたのは、そのころ大流行の「カチューシャの唄」であった。（『大正・本郷の子』）

このように、町内を頻繁に動き回る小僧のような人々が、流行歌の伝播役あるいは広報役の機能をはたしており、「カチューシャの唄」も彼らによって広く歌われていたことがわかる。

歌に対する社会的感情

以上に引用したいくつかの資料でもうひとつ注目されるのは、「カチューシャの唄」に対して当時の人々が抱いていた否定的感情である。第三高等学校では教授が唄の厳禁令を出し、『都新聞』への投書者は「淫媚」「下品」「卑猥」「下劣」な歌であると罵倒し、自転車に乗って歌っていた小僧さんは交番の巡査から「あんな歌を歌ってはいかん」と叱られている。「カチューシャの唄」は基本的に男女間の恋愛の歌であり、学生生徒をはじめとする青少年の歌うにはふさわしからざるものとみなされていたことがわかる。

青少年と流行歌の問題はその後、大正後期から昭和にかけて「籠《かご》の鳥」「東京行進曲」

をはじめとする流行小唄の大流行とともに、流行歌の退廃性と子どもたちへの悪影響をめぐる論争へと発展していく（倉田喜弘『日本レコード文化史』）。このような文脈においてみるとき、「カチューシャの唄」は流行歌の持つ社会的影響力の大きさをはじめて人々に認識させた歌であり、現在にまで続く流行歌に対する社会的感情というものが最初に顕在化した事例として位置づけることができる。

〈歌う文化〉から〈聴く文化〉へ

私はかつて近代日本の読書の歴史を調べていた際に、明治の人々が駅や汽車の車内、あるいは新聞縦覧所といった公共空間で盛んに声を出して音読する習慣を持っていたことに驚かされたことがある（拙書『雑誌と読者の近代』）。

歌の場合にも、以上みてきたように、明治大正の人々は学校や公共空間、日常生活のさまざまな場面で、声に出して歌う習慣になじんでいた。そこにおいて、歌はまず声に出して歌われるものとして存在していた。再生装置がまだ十分に普及していないこの時期においては、人間の声による再生としての歌う行為は人々の音楽生活の不可欠の要素であり、〈歌う文化〉とでもいうべきものが発達していた。

しかし、その後、再生装置としてのレコード、さらにはラジオの普及とともに、人々は歌を自ら再生する必要がなくなり、徐々に歌はもっぱら〈聴かれる〉対象へと変化し、歌う行為は私的空間における鼻歌的存在へと退化してしまう。その結果、路上や公共空間で声に出して歌う行為は奇異なものとして排除されていくことになる。

戦時下の国民皆唱運動等の動きは、このような歌う文化を上から再組織化しようとしたものであり、戦後のうたごえ運動や歌声喫茶は下からの組織化、さらにはカラオケ文化は商業的な組織化として位置づけることができる。

明治末から大正初期はレコードが普及し始めたとはいえ、まだまだ〈歌う文化〉が人々の生活に脈々と息づいていた時代であった。私たちはそのことを路上、家庭、学校、公共空間といったさまざまな場所で「カチューシャの唄」を歌い、合唱する人々の例から知ることができる。

「放浪のカチュウシャ」

『放浪記』から

さまざまな「カチューシャの唄」の歌われ方の中でも、最も印象深いのは林芙美子《はやしふみこ》の場合である。まず、彼女の代表作『放浪記《ほうろうき》』を読んでみよう。そこには、彼女の「カチューシャの唄」体験が次のように書き記されている。

ほうろくのように焼けた暑い直方《のおがた》の町角に、そのころカチュウシャの絵看板が立つようになった。異人娘が、頭から毛布をかぶって、雪の降っている停車場で、汽車の窓を叩いている図である。すると間もなく、頭の真ん中を二つに分けたカチュウシャの髪が流行って来た。

カチュウシャ可愛や　別れの辛さ

せめて淡雪　とけぬ間に
神に願いを　ララかけましょうか。

なつかしい唄である。この炭坑街にまたたく間に、このカチュウシャの唄は流行してしまった。ロシヤ女の純情な恋愛はよくわからなかったけれど、それでも、私は映画を見て来ると、非常にロマンチックな少女になってしまったのだ。浮かれ節（浪花《なにわ》節《ぶし》のこと）より他に芝居小屋に連れて行ってもらえなかった私が、たった一人で隠れてカチュウシャの映画を毎日見に行ったものであった。当分は、カチュウシャで夢見心地であった。石油を買いに行く道の、白い夾竹桃《きょうちくとう》の咲く広場で、町の子供達とカチュウシャごっこや、炭坑ごっこをして遊んだりもした。

福岡県は直方《のおがた》の炭坑街にも「カチューシャの唄」が流行し、芙美子もカチューシャの髪型を真似したり、「カチューシャごっこ」で遊んだりした。映画も一人で毎日観に行っている。

『放浪記』の別な箇所を読むと、彼女は映画のみならず、芸術座の直方巡業にも足を運んで『復活』『剃刀』の舞台を実際に観劇していた。次の文中の「このひと」とは芸術座の団員であった田辺若男《たなべわかお》のことで、『剃刀』の主人公を演じ、のちに短い間ではあるが芙美子と結婚している。
このひとの当り芸は、かつて芸術座の須磨子のやったと云う「剃刀」と云う芝居だった。私は少女の頃、九州の芝居小屋で、このひとの「剃刀」と云う芝居を見た事がある。須磨子のカチュウシャもよかった。あれからもう大分時がたっている。この男も四十近い年だ。

芸術座の直方巡業は、大正五年の三月一六―一七日の二日間にわたって日若座で行われており、芙美子はこの巡業を観に行ったわけである。

「いとしのカチューシャ」

映画と演劇での「カチューシャ」体験は林芙美子に強烈な印象を与えたようで、彼女はその体験をさらに詩の形で残している。彼女の作った「いとしのカチューシャ」という詩を読んでみよう。これはかなり長い詩なので、唄の登場する部分のみを紹介する。

（略）
その頃／釜の底のやうな直方の町に／可愛やカチューシャの唄が流行つて来た
炭坑の坑夫達や／トロッコを押す女房連まで／可憐な此唄を愛してゐた。
（略）

町へ出ると／雪が降つてゐる停車場で／汽車の窓を叩いてゐる可憐な異人娘の看板を
見た／その頃の私の雑記帳は／どの頁もカチューシャの顔でいつぱいだつた。
（略）
重たい荷を背負つて隧道《すいどう》を越すと／頬かぶりをした坑夫達が
「おい！　カチューシャ早く帰らねえとあぶねえぞ！」
私は十二の少女／カチューシャと云はれた事は／お姫様と言はれた事より嬉しかつた
（略）
木賃《きちん》宿へ帰つた私は／髪を二ツに分けてカチューシャの髪を結んでみた。
いとしのカチューシャよ！
農奴の娘カチューシャはあんなに不幸になつてしまつた。
吹雪、シベリヤ、監獄、火酒、ネフリユードフ
だが何も知らない貧しい少女だつた私は／洋々たる望を抱いて野菜箱の玉葱《たまねぎ》のやうに
くりくり大きくそだつて行つた（『林芙美子全集』第一巻）。

坑夫たちも歌う

林芙美子はこの頃、一二、三歳で、母親と義父といっしょに北九州一帯を行商をしながら暮らしていた。そのため、小学校もたびたび転校

している。炭坑街の直方では木賃宿に住みながら、芙美子自身も扇子やアンパンを坑夫たちに売り歩いて家計を助けていた。

そのような生活の中で、芙美子はカチューシャに夢中になり、ノートにカチューシャの顔を書いたり、坑夫たちに「カチューシャ」と呼ばれて喜び、カチューシャと一体化していた。

詩にもうたわれているように、「カチューシャの唄」は炭坑街で荒くれの坑夫たちとその女房たちにまで歌われるようになった。別の文章（「九州炭坑街放浪記」）の中で、芙美子は坑夫たちの昼食後の光景として、「昼食が終るとあつちからも、こつちからもカチウシヤの唄が流れて来る」と書いているように、昼食後の休憩のひとときに、坑夫やその女房たちによって「カチューシャの唄」が歌われていた。ここでも、歌の集団的な受容が特徴的である。以前に紹介した例でも、能登で漁師たちが船を漕ぐ舟歌として歌っていたように、炭坑や漁猟という労働現場においてこの唄が愛唱されているのも注目される現象である。

物語と流行歌

この詩でもうひとつ特徴的なのは、芙美子が背景にある「農奴の娘」カチューシャの不幸な物語と関連づけてこの唄を受容している点である。

芙美子は映画と演劇で『復活』を観ていたため、「カチューシャの唄」を単なる流行歌としてではなく、物語性を帯びた歌として理解していた。さらに、その物語の主人公が「農奴の娘」という下層に属する人物であったことも、同じく恵まれない境遇にあった芙美子自身にとって身近な存在として感じられていた。

明治大正の流行歌にはさまざまな物語が付随しているのが常である。というより、この時期においては歌は物語や社会的事件から生まれた。逗子《ずし》開成中学校の生徒一二人がボートの遭難事故で亡くなった事件がもとで、明治四三年に「真白き富士の嶺《ね》（七里ヶ浜の哀歌）」が生まれ、大正六年には伯爵の娘と運転手との心中事件から「千葉心中の歌」が生まれ、また、『金色夜叉《こんじきやしや》』や『不如帰《ほととぎす》』といった小説が芝居になり、そこから「金色夜叉の歌」「不如帰の歌」（明治四二年）、「新金色夜叉の唄」（大正七年）等が生まれている。

「カチューシャの唄」も『復活』というトルストイの物語から生まれてきているという意味では、これらの流行歌と同じである。「カチューシャの唄」がそれまでの流行歌と大きく異なっている点は、まず第一にそれが劇中歌であったということ、劇という開幕から終幕までの一定の時間の流れの中で歌われ、その物語を一身に体現する存在であったということである。単に物語や劇にちなむ歌ではなく、劇と緊密に一体化した劇中歌であることによって、この唄には過剰なまでの物語性が浸透している。

第二に、その物語がトルストイというロシアの文豪が書いた、遠い外国を舞台にした物語であったという点である。『金色夜叉』のお宮、『不如帰』の浪子という日本の身近な主人公ではなく、遠く離れたロシアの小間使いの女性を主人公とする悲しい運命の物語である。外国の下層階級の女性の物語という点において、「カチューシャの唄」はそれまでの流行歌に例をみない歌であった。

「放浪のカチュウシャ」

荒くれの坑夫たちまでが「カチューシャの唄」を歌うようなブームの中で、『復活』の物語と「カチューシャの唄」は芙美子に強烈な印象を残した。「カチューシャの唄」は彼女にとって、「なつかしい唄」として直方時代の炭坑街での生活を象徴する歌となっている。

彼女がのちに地方回りの怪しげな女優募集に応募したり、芸術座の俳優であった田辺若男と大正一三年に結婚したりするのも、多感な少女時代のカチューシャ体験によるところが大きかったと思われる。

私は放浪のカチュウシャです。

これは『放浪記』の中の有名な一節である。少女期のカチューシャ体験は彼女のその後の人生に強い影響を及ぼしている。

補説―カチューシャ・ブームについて

林芙美子の詩にもあるように、カチューシャ・ブームは歌以外に、髪を真ん中から二つに分けた髪型をはじめ、カチューシャ・リボン、カチューシャ・リングなどファッション等の分野でもブームを巻き起こした（秋庭太郎『日本新劇史』下）。この他にも、新聞で拾った例をいくつか紹介してみよう。

大正三年の大みそか、神田須田《すだ》町の通りでは「カチウシヤ型の時計」という立看板が立てられ、玩具のような安時計が思いのほか売れていた（『都』、大正四年一月一日）。

秋田市の金花堂では、カチューシャバンドという髪飾りの売り上げが累計で二〇〇ダースに達した（『秋田魁《さきがけ》』、大正四年八月二九日）。

愛媛県の松山では、自転車用の「楽譜模様カチューシャタイヤ」が売り出され、次のような替え唄まで作られている（『愛媛新報』、大正五年二月二四日）（図11）。

カチューシャ可愛や　ヨクもつタイヤ／早く懸賞のすまぬ間に
買ふてかけましょ　ララ自転車に

これらのカチューシャ商品ブームが意味しているのは、企業が協賛するに値いする流行

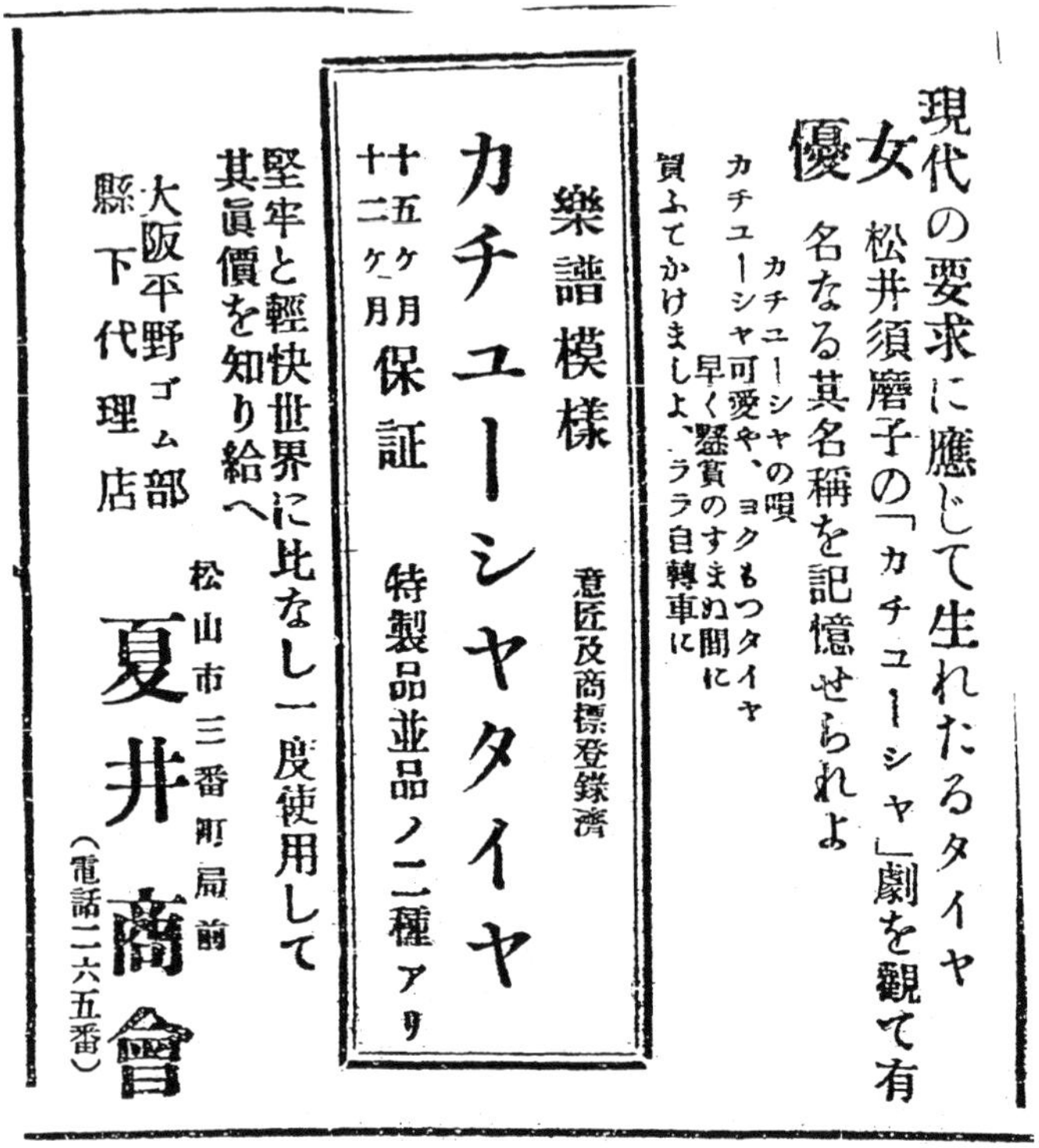

図11　「カチューシャタイヤ」広告（愛媛新報，大正5年2月24日）

歌が大正に入ってようやく誕生してきたということである。これについては、次節で詳述する。

「ゴンドラの唄」

流行歌の発信ルート

「カチューシャの唄」の成功によって、にわかに脚光を浴びたのは流行歌の発信ルートとしての劇中歌という仕掛けであった。従来の流行歌は演歌師によって路上から生まれるルートしかなかったが、ここに新たに演劇の舞台からも流行歌が誕生できることが発見されたのである。

それまで演劇の中で挿入歌が使われたのは、新劇においては自由劇場の『夜の宿』が最初であったとされている。『夜の宿』はゴーリキーの『どん底』を小山内《おさない》薫《かおる》が訳したもので、明治四三年（一九一〇）に初演、その後大正二年（一九一三）に帝劇で再演されている。この挿入歌は「夜でも昼でも牢屋は暗い」で始まる「どん底の歌」として知られており、元歌のロシア民謡にゴーリキーが作詞し、小山内薫が訳したものである。

実際にも大正三年の新聞投書には、『夜の宿』の挿入歌が愛唱されている様子が描かれている。

夜晩《おそ》く歌を唱つて行く人があります、何の気なしに聞いてゐると、それは「夜の宿」の中の民謡で、曾《かつ》て自由劇場でやつた時の夫《それ》です。で、それを唱つて行つた人は、或は自由劇場に関係した人かとも思ひましたが、後にそれは美術学校の生徒や何かには、盛に吟誦されてゐるのだと知りました（『読売』、大正三年四月一四日）。

その意味で、「どん底の歌」は劇中歌の先駆け的な存在であったが、「カチューシャの唄」ほど流行するには至らなかった。流行歌の発信ルートとしての劇中歌を社会的に広く認識させたのは、「カチューシャの唄」のヒットによってであった。

芸術座の劇中歌戦略

抱月は『復活』以後も劇中歌の活用を積極的に推進し、大正四年以降に芸術座の上演した演目からは、多くの劇中歌が生まれている。主なものでは次のような歌があげられる。

『其《その》前夜』（大正四年）

①「ゴンドラの唄」（吉《よし》井《い》勇《いさむ》作詞、中山晋平《なかやましんぺい》作曲）、②「眼のない鳩さん」（楠山正雄《くすやままさお》作

詞、梁田《やなだ》貞《ただし》作曲）
『生ける屍』（大正六年）
①「さすらひの唄」（北原白秋《きたはらはくしゅう》作詞、中山晋平作曲）、②「葬式の唄」（同）、③「酒場の唄」（同）
『沈鐘《ちんしょう》』（大正七年）
①「森の娘」（島村抱月《しまむらほうげつ》・楠山正雄作詞、中山晋平作曲）、②「山羊さん」（同）、③「火の粉さん」（同）、④「わしが仲よしや」（島村抱月・楠山正雄作詞、小松耕輔作曲）、⑤「水藻の花」（同）
『緑の朝』（大正七年）
①「緑の朝の唄」（小山内薫・長田秀雄作詞、中山晋平作曲）
『カルメン』（大正八年）
①「煙草のめのめ」（北原白秋作詞、中山晋平作曲）、②「恋の鳥」（同）、③「酒場の唄」（同）、④「別れの唄」（同）

抱月はこれらの歌の作曲に際しては、中山晋平に細かい指示を出している。たとえば『沈鐘』の劇中歌の作曲に当たっては、「跳ねまはり歩きまはりながら半鼻唄式に唄へる節」といった調子で、歌われる場面を想定して曲調を指示している（『抱月全集』第八巻）。このような制作方法は「カチューシャの唄」の場合と同様で、独立した流行歌としてではなく、あくまでも劇の特定の場面で歌われる劇中歌としての位置づけは変わっていない。

これらの歌はみなそれぞれにある程度流行し、レコード化もされているが、この中で最もよく知られているのは「ゴンドラの唄」と「さすらひの唄」である。

「ゴンドラの唄」

「ゴンドラの唄」は大正四年四月二六―三〇日の帝劇での第五回公演『其前夜』で歌われた。『其前夜』はツルゲーネフの小説の英語訳を元にして芸術座の楠山正雄が脚本を書き下ろしたもので、ブルガリア人の青年革命家インサロフとロシア人女性エレエナが恋に落ちて結婚し、故国独立のためにブルガリアへ向かう途中のヴェネチアで、インサロフが不遇の死を遂げるまでを描いている。

舞台で使用したテキストとほぼ同一の脚本も新潮社から大正四年四月に出版されている。よく知られているように、この歌は中山晋平が郷里の母の危篤の報に接して汽車の車中で、母の一生を思いながら一気に書きあげたものである。

なお、吉井勇作詞によるこの唄の歌詞は、アンデルセンの『即興詩人』の「朱の唇に触れよ、誰か汝の明日猶《なお》在るを知らん。恋せよ、汝の心の猶少く、汝の血の猶熱き間に」といった散文詩を下敷きにしているという（安田保雄「比較文学ノート（七）」、相沢直樹「『ゴンドラの唄』考」）。

歌の協賛広告

『其前夜』には帝劇での公演と同時に協賛企業が相次いだ。『読売新聞』で見ると、ホーカー液が「ホーカー会」と称して、「特、一、二等の顧客全部に松井須磨子《まついすまこ》嬢賞用のホーカー液を漏れなく進呈」とあり（四月二五日）、また声を美しくして消化を完全にする懐中薬カチューシャを進呈する「カチューシャ会」という広告もある（四月二八日）。

これらは劇自体への協賛であるが、注目されるのは歌それ自体への協賛広告が登場してきていることである。すなわち、ライオン水歯磨は「ゴンドラの唄」への協賛広告を四月二九日の『読売新聞』の一面に大きく掲載し、「ゴンドラの唄」の歌詞を四番まで紹介している（図12）。

「カチューシャの歌に代はるものは、ゴンドラの唄でございます」という広告文に注目していただきたい。ここには、「カチューシャの唄」というモデルにならって、新聞という当時最大のマス・メディアを使って新たな流行歌を創出しようとする企業の意思が現われている。化粧品会社と演劇・芝居とのタイアップはそれまでもたびたび行われてはいた。

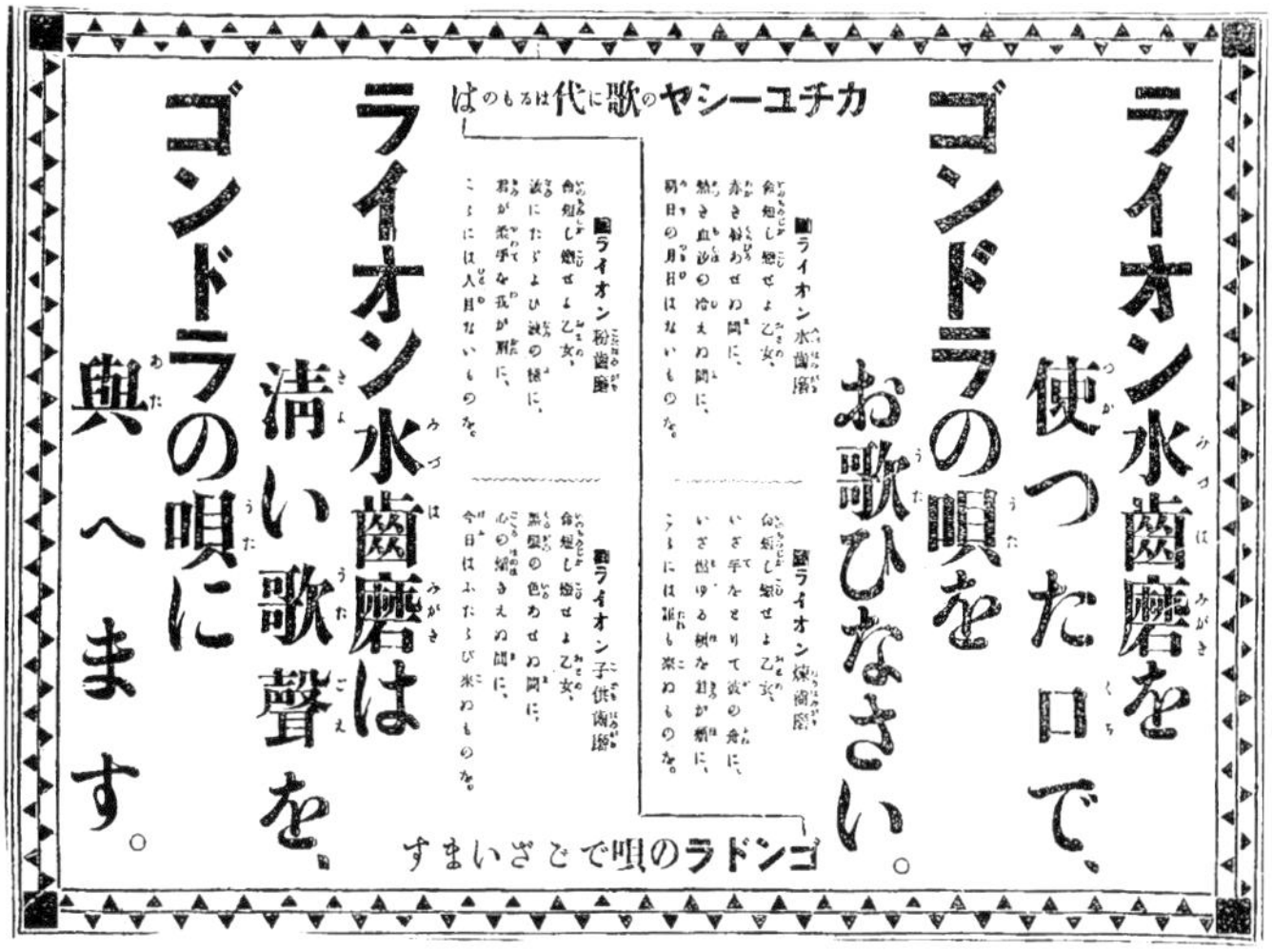

図12　ライオン水歯磨の広告（読売新聞，大正４年４月29日）

しかし、歌のみを協賛して売り出そうとするのは、従来に例をみないまったく新しい事態であった。

歌が自然発生的なはやり唄の段階から、企業によって商業的に作られて消費される流行歌へと移行していく、その最初の段階に「カチューシャの唄」「ゴンドラの唄」は位置している。というより、作られるものとしての流行歌の最初のモデルを提示したのが「カチューシャの唄」であった。

路上や縁日から生まれたこれまでの街頭演歌は企業の協賛の対象とはなりえなかったことを考えると、ここに流行歌の歴史における大きな転換が生じていることに気づかされる。いまや「カチューシャの唄」「ゴンドラの唄」の登場によって、流行歌は新聞紙上で企業が協賛して取り上げる商業的価値のあるものへと成長してきたのである。

中産市民層の流行歌

では、企業の側では、「カチューシャの唄」「ゴンドラの唄」に従来の流行歌と違うどのような新しさを発見したのであろうか。一言でいえば、それはこの二つの歌が従来の街頭演歌とは異なって、近代社会の中産市民層（とりわけ新中間層）に支持される歌であり、それはとりもなおさず、近代企業の支持基盤と同じ階層の人々だったからである。すなわち、企業は「カチューシャの唄」「ゴンドラの唄」の支持層が、企業の商品の消費者層として形成されてきた中産市民層であることを鋭く感知したのである。

しかしながら、実際にはこのような企業側の思惑にもかかわらず、「ゴンドラの唄」の評判は芳しくなかった。帝劇での公演に関する『東京朝日新聞』の劇評はかなり手厳しく、流行しそうもないと断言している。

劇中人物の歌ふ唄には最初の方にローレーライ（?）最後に幕外の船歌か何かに合せてエレエナの歌ふ唄があるが、何《ど》れもこれも余り面白くない、最後の幕のはカチューシャで味を占めた芸術座が当てこんだのかも知れないが、須磨子の声がなつて居ないのと節もカチューシャの唄よりはむづかしく出来て居るので先《ま》づ以て流行になりさうにもない（大正四年四月二九日）。

作曲者も失敗作と公言

作詞した吉井勇も、「幸か不幸かその節が稍《やや》難しかつた為めに、あまり流行せずに済んでしまひました」と述べ（「松井須磨子に送る手紙」）、さらに、作曲者である中山晋平自身が失敗作であったと公言しているほどである。

長旋法を用ひて六拍子にしましたが、全く失敗の作で、極く一部の人によつて愛好されたに過ぎませんでした。かういつたメロディーは、其《その》時分の人に受入れられる力が弱かつたのだらうと思ひます。殊に此《この》六拍子といふ拍子は我国の在来の歌には殆ど有りません（『中山晋平作曲目録・年譜』）。

こう書いた中山晋平自身、まさかその後、この歌が戦後の映画で取り上げられて広く愛唱されるようになるとは夢にも思わず、昭和二七年に黒沢明監督の『生きる』で挿入歌として使われた際にはひどく驚いたという（上山敬三「中山晋平と映画」）。

さて、芸術座は帝劇公演を終えた後、『其前夜』を持って地方巡業に出るが、地方においてはなおさら「我国の在来の歌」になかったような新しいリズムの歌が受け入れられるはずもなく、巡業先の地方新聞をみても「ゴンドラの唄」が流行しているという記事は見当たらない。

日本蓄音器商会から六月新譜として発売されたレコードの売れ行きも芳しくなかったという（倉田喜弘『「はやり歌」の考古学』）。楽譜発売もかなり遅く、劇の初演から一年以上経った翌大正五年七月にやっと、京橋の現代堂から竹久夢二《たけひさゆめじ》装丁で出版されている（『読売』、大正五年七月六日）。

ただ、後述する大正九年の大阪市の流行歌調査によれば、「現時において最も普通に歌はれてゐる流行歌」の中に「ゴンドラの唄」も登場していることから、「カチューシャの唄」ほどの爆発的なヒットではないが、通常の流行歌としてはある程度歌われていたものと思われる。ユーモア作家鹿島孝二も自伝の中で、東京の工業学校時代の大正八、九年頃に「ゴンドラの唄」を盛んに愛唱したと回想している（『大正の下谷っ子』）。

「さすらひの唄」

「さすらひの唄」の大ヒット

これと対照的に、「さすらひの唄」は同時代においても「カチューシャの唄」に匹敵する一大ヒット曲となった。この歌は大正六年一〇月の明治座での公演『生ける屍《しかばね》』で発表された。トルストイ原作・川村《かわむら》花菱《かりよう》脚色の『生ける屍』は、フェージャという善良な男が自分の妻リーザに幼なじみの恋人カレーニンがいることを知り、二人の幸福のために身を引いて、溺死を装って「生きた屍」となる。そして、二人を結婚させ、自分はジプシー娘のマーシャと放浪の旅に出る。しかし、秘密を知った悪漢が二重結婚をネタに脅迫してきたため、フェージャは遂にピストル自殺し、マーシャは死骸に取りすがって泣くといったストーリーである。松井須磨子がジプシー娘のマーシャに扮している（『京都日出』、大正七年一月四日、『芸備《げいび》日日』、大正七年一月二四日）。

「さすらひの唄」が登場するのは、第二幕のフェージャが何もかも忘れようとして酒場で酩酊している場面で、マーシャがフェージャを慰めようとしてこの唄を歌う。その後、第五幕で放浪の旅の途中の居酒屋で、マーシャとフェージャが二人でこの唄を歌う。劇中で二度歌われるのは『復活』『其前夜』の場合と同様である。一番の歌詞は次のようなものである。

　行かうか戻ろか　北極光《オーロラ》の下を／露西亜《ロシア》は北国はてしらず
　西は夕焼　東は夜明け／鐘が鳴ります中空《なかぞら》に

作曲した中山晋平《なかやましんぺい》の回想によれば、「第二の『カチューシャ』たり得るやうに」「世間ですぐに流行るやうに」という注文で、非常なプレッシャーを感じたというが（「民謡作曲」）、いざ明治座の舞台にかけると、この歌は驚くほどの反響を呼んだ。

当時、日本蓄音器商会にいた森垣二郎の回想によれば、芸術座の執事が森のところに駆けつけて来て、「『生ける屍』の挿入歌『さすらひの唄』への男女学生の狂奔ぶりは、まったく正気の沙汰ではない。レコードに吹き込んだら、必ず驚く成果をあげる」から、ぜひ明治座の公演を見に来てほしいと頼んできた。早速出かけた森はその目撃談を次のように述べている。

劇場正面廊下には「さすらひの唄」が貼り出されてある。そこには次から次から、かわるがわると男女学生がノートと鉛筆で、貼付の歌詞を見て書きつけている。いよいよ舞台は幕があき、須磨子のマーシャが「行かうか、戻ろか、オーロラの下を」と歌い出すと、劇場をいっぱいに埋めた入場者が全部、先刻廊下で写記した歌詞を見つめながら、須磨子の歌う声に唱和しているのである。その光景は観客と舞台が一つになっているような親近感に私は息が詰まる思いがした（森垣二郎「中山晋平氏レコード音楽界への進出」）。

早速中山晋平のピアノ伴奏付きでレコードを売り出したところ、驚くほどの売れ行きを示したという。

ここで、私たちにとって印象深いのは、「さすらひの唄」に対する明治座での男女学生の熱狂ぶりである。そこに私たちは強い既視感を覚える。それはまさに、先にみた帝劇で「カチューシャの唄」に熱狂する学生たちのリプレイそのものである。大正三年の「カチユーシャの唄」の受容構造が、三年後にそっくりそのまま反復再生産されているのである。

「さすらひの唄」効果で、『生ける屍』は巡業先でも非常な評判を呼んだ。中村吉蔵《きちぞう》によれば、経済的危機に再び直面していた芸術座にとって『生ける屍』は第二の『復活』となり、「この劇を地方興行に持巡つて至る処で見物を吸寄せる事が出来た」ため、経済的危機を脱することができたという（「芸術座の記録」）。各地での「さすらひの唄」の人気ぶりを地方新聞から拾ってみよう。

名古屋「須磨子が唄ふ『さすらひの唄』は例のカチューシャ以上の評判になり東都にて流行しつゝありと云へば花柳《かりゅう》界を始め一般に流行を見る事なるべし」（『名古屋新聞』、大正六年一一月一四日）

福岡「『生ける屍』には『憎ひあん畜生』及び『さすらひの唄』の二ツの唄は同座独特の『カチューシャ可愛いや』以上の好評ありて各地に流行し居れる」（『福岡日日』、大正七年二月一一日）

これらの新聞評で注目すべきは、「さすらひの唄」の流行ぶりではない。むしろ、新聞記事中にしばしば「カチューシャ以上」と書かれているように、そこで常に「カチューシャの唄」が参照モデルとして言及され続けている点に注目すべきである。劇中歌、流行歌のモデルとして、「カチューシャの唄」が常に参照され続けている。

流行歌のモデルに

映画化についても同様にさっそく日活による撮影が行われ、大正七年三月三一日から浅草の遊楽館で封切られている。山本嘉一《やまもとかいち》がフェージャ、立花貞二郎《たちばなていじろう》がリーザ、東猛夫《あずまたけお》がマーシャに扮し、軽井沢でロケを行った（『読売』、大正七年三月二九日）。博多・世界館での公開に際しては、「さすらひの唄」は日活専属歌唱者東園江子によって舞台上で歌われたという（『福岡日日』、大正七年六月三日）。

流行の担い手が学生生徒を中心とする青年知識人層であった点も同様である。一高の生徒であった村山知義《むらやまともよし》もその一人で、松井須磨子の死後に中山歌子主演で上演された『生ける屍』を浅草の金龍《きんりゅう》館に観にいった。彼の『演劇的自叙伝』の中には次のような一節がある。

「カチューシャの唄」と同じように、北原白秋作詞、中山晋平作曲の「行こか戻ろか、オーロラの下を、露西亜は北国、はて知らず――」という「さすらいの唄」を劇中にはめ込んであり、その唄は大正流行歌のトップ・クラスのものとなり、私なども、何度、口ずさんだかわからない。ズッとのちのことだが、ダダイストのころ、銀座裏のバアなどで、友達といっしょに呑んだ時、皆で歌う唄の中にはきっとその唄がはいっていた。

あまりの流行ぶりについに大正七年六月に、警視庁はこの唄を「公衆の面前で一切唄ふことを禁じ」るという措置に出る。小学校の一、二年生から中学生までが「行かうか戻ろうかオーロラの下を」と歌い歩き、「可愛い女子と寝て暮す」などと歌うようになったためであるという（『都』、大正七年六月二〇日）。

しかし、このような禁止措置が効を奏さないのはいつの時代も同じで、「さすらひの唄」はその後も愛唱され続けていく。

大正九年のヒット一〇〇曲

大正九年に大原社会問題研究所によって、大阪市内の民衆娯楽調査が実施されており（大林宗嗣『民衆娯楽の実際研究』）、その中で「現時においては最も普通に歌はれてゐる流行歌」として約一〇〇曲があげられている。このリストはいわば大正九年の大阪市内の最新ヒット一〇〇曲とでもいうべきものので、この中の「新サスライ唄」がおそらく「さすらひの唄」の替え唄的なものであるとおもわれる。また、さんざんな評判であった「ゴンドラの唄」もランク入りしているので、ある程度は流行したようである。

新深川ぶし、平和ぶし（一名パイノパイ節）、新磯節、青島ぶし、松の声、アイドンツー、商船学校、男三郎、石童丸、残月一声、七里ケ浜、新鬢《びん》のほつれ、金色夜叉《こんじきやしゃ》、孝女白菊、不如帰《ほととぎす》、ヤッコラヤぶし、ホイサぶし、現代ぶし、シュ〳〵節、曾根崎心中《そねざきしんじゅう》、アラ危ないよ節、千葉の心中、有明ぶし、新金色夜叉、ダンチョネー節、新サスライ唄、碑文谷《ひもんや》の歌、社会節、不知火《しらぬい》の歌、相生丸惨劇《あいおいまるさんげき》、有明節、新ホトトギス、深川づくし、須磨の仇波、新はかた節、噫《ああ》無常、姫小松ぶし、新ヨサホイ節、新不如帰、おけさ節、血染のトランク、鴨緑江《こうりょくこう》ぶし、やなぎ節、宮島心中、デモクランド、大正笹やぶし、まがいゝ節、むらさき節、はつとせ節、さのさ節、ラッパ節、エンヤラ節、よいとな節、ほっといて節、博多ぶし、ふいとサ節、まっくろけ節、やっちょろまかせ節、つらいね節、ハイカラ節、しんから節、流行ドン〳〵節、オヤ〳〵節、ションがい節、よりを戻して節、ピヤ〳〵節、ホンニネ節、新磯ぶし、生《なさ》ぬ仲、ヨイトコナ節、自転車ぶし、水道節、五月雨《さみだれ》節、ドコマデモ節、新都ぶし、バックダネ節、新くれ節、極内《ごくない》節、おいとこ節、グードバイ節、一かけ節、浮世節、ダガネ節、間違ひ節、セッセッセ節、おつだね節、ノンノコサイ〳〵節、デッカンショ節、サイコロリン節、テケレツのパー節、有がたいぞへ節、それほい節、ゴンドラの唄、相馬ノーエ節、何だい節、しんから節、改良注意節。

最新ヒット一〇〇曲とは別に、「古い流行小唄」の調査もなされている。こちらはいわばナツメロ五〇曲とでもいうべきものであるが、この中に、「カチュシャ節」として、「カチューシャの唄」がランク入りしている。

磯ぶし、カチュシャ節、都ぶし、縁かいな節、かっぽれ、近来節、ぞめき節、宮津節、有明ぶし、喇叭《らっぱ》節、博多節、エンヤラ節、東雲《しののめ》節、四季節、推量節、海安寺、隅田川、書生節、角力甚句《すもうじんく》、名古屋甚句、木更津甚句、木遣《きや》り節、丹後ぶし、出雲節、追分節、琉球節、都々逸《どどいつ》、伊予節、二上リ新内、大津絵、ちゃり舞ひ、梅ケ枝、すてゝこ節、権兵衛が種蒔、お座敷端歌《はうた》、地唄、江戸歌、お座敷長唄、お座敷清元、サノサ節、法界節、ヨカダン節、米山甚句、松前節、木曾節、安来《やすぎ》節、伊勢音頭、どんがらがん節、ぎっちょん〳〵節、よしこの節

それにしても、以上のヒット曲の中で、現在の私たちが歌える歌がどれほどあるだろうか。民謡系流行歌を除けば、「ゴンドラの唄」と「カチューシャの唄」くらいではなかろうか。

抱月・須磨子の急死——エピローグ

松竹との興行提携

『生ける屍《しかばね》』と「さすらひの唄」の爆発的人気によって、芸術座の経営は再び持ち直すことができた。さらに、『生ける屍』の人気に目をつけた松竹から興行提携の申し入れがあり、大正七年（一九一八）八月に興行契約が結ばれ、島村抱月《ほうげつ》はようやく興行面の苦労から解放されることになった。

そして、松竹との提携第一回公演としてハウプトマン原作・楠山正雄《くすやままさお》訳『沈鐘《ちんしょう》』が選ばれ、九月から河合武雄《かわいたけお》の公衆劇団と合同で歌舞伎座において一二日間興行された。

他方、研究劇の方も、一〇月から芸術倶楽部で有島武郎《ありしまたけお》作『死と其の前後』と長田秀雄作『誘惑』が上演されて非常な反響を呼んだ。

こうして、芸術的路線と経済的基礎の両立という芸術座の二元の道がようやく実を結び、新たな飛躍の時期に入ろうというまさにその時であった。

抱月・須磨子の急死

本書の最後に、抱月と須磨子《すまこ》の急死についてふれねばならない。河竹繁俊《かわたけしげとし》の『逍遙、抱月、須磨子の悲劇』によれば、その経緯は次のようであった。

大正七年の一一月初めのことである。芸術座は松竹との第二回提携公演としてダヌンチオ原作・小山内薫《おさないかおる》訳『緑の朝』を明治座で公演する予定で、須磨子はその舞台稽古に出かけていて、芸術倶楽部には使用人一人しかいなかった。

抱月は当時流行をきわめたスペイン風邪にかかって、この芸術倶楽部の二階で病に臥していたが、一一月四日の午後から容態が急変して危篤状態となり、医者の必死の手当ての甲斐もなく、一一月五日午前二時前に息を引き取った。享年四七歳。須磨子は稽古場からあわてて駆けつけてきたが、もう間に合わず、遺体に取りすがって泣くばかりであった。

スペイン風邪は大正八―九年に世界的に猛威をふるい、日本でも罹患者数が二三〇〇万人、死者数も日清《にっしん》・日露《にちろ》両戦争の戦死者総数を上回る三八万人に達したという（立川昭二『病いの人間史』）。その犠牲者の一人が抱月であった。

悲しみの中にあって、須磨子は一一月五日からの明治座公演の初日こそ休んだものの、

図13　島村抱月の葬儀で焼香する須磨子（早稲田大学演劇博物館所蔵）

翌日から何とかつとめあげた。明治座の観客席からは須磨子に同情する満場のすすり泣きが聞こえてきたという（田辺若男『俳優』）。

抱月という大黒柱を失った芸術座は一時は解散という意見も出されたが、須磨子を劇団の座主として再出発していくことになった。明治座の公演が終わるとすぐに横浜と横須賀で巡業し、次いで翌大正八年一月一日から有楽座でメリメ原作・川村《かわむら》花菱《かりょう》脚色の『カルメン』の公演が始まった。この間、抱月という支えを失った須磨子は非常な孤独の中にあった。

有楽座公演四日目の大正八年一月四

日の夜であった。舞台を終えた須磨子はひとりで芸術倶楽部に一二時近くに帰り、明け方四時ごろ道具部屋の梁《はり》に帯をかけて縊死《いし》した。享年三四歳。抱月の死から二か月後の月命日のことであった。

有楽座公演の方は、帝劇歌劇部出身で後に映画女優になる中山歌子が須磨子の代役をつとめ、『カルメン』の劇中歌のレコードも中山が吹き込んだ。他方、芸術座は須磨子の死とともに自然解散となり、その六年間の幕を閉じた。

スター女優須磨子の死は新聞で大々的に報道され、さらに街頭の演歌師によってさっそく「松井須磨子の歌」が作られている。

「松井須磨子の歌」

私の手元には、古本屋で手に入れた『須磨子の歌』の歌本があるが、神長瞭月《かみながりようげつ》作「松井須磨子の歌」のほかに、『カルメン』『復活』『生ける屍』といった劇の劇中歌の歌詞が刷られている。「松井須磨子の歌」の一節を掲げてみよう。

カチューシャ可愛と世の人に／唄ひ初めしも我身にて
恋せ乙女と人々に／唄ひしそれも我身なり
他人の噂を唄にして／節面白くうたひて
我身も今はうたはる丶／身とはなるらめ悲しやな

後を追って縊死するという劇的な死によって、抱月と須磨子の一生は悲しい物語へと昇華し、「カチューシャの唄」「ゴンドラの唄」とともに人々に長く記憶されていった。そして、そこからまた新しい歌が生まれ、抱月と須磨子の物語は戦後もくりかえし映画や舞台で語り継がれていくことになる。

図14　『須磨子の歌』（歌本，大正８年）

流行歌の受容研究

流行歌の歴史に関するこれまでの研究の多くはもっぱら歌の変遷史であったり、あるいは作詞家や作曲家、制度的側面といった創る側の視点に立った研究であった。歌が流行するためには創る側だけでなく、それを伝播させた人々とメディアの存在が不可欠であるのはいうまでもないが、流行歌がどのような人々やメディアによって伝播し、どのように歌われたのかという流行歌の受容に関しては、ときおり若干の言及がなされるのみで、これまでほとんど研究されてこなかった。

見田宗介《みたむねすけ》はメディアとしての流行歌の先駆的な研究である『近代日本の心情の歴史─流行歌の社会心理史─』において、「怒り」「うらみ」「涙」等のモチーフ分析を通して、時代の心情の記号としての流行歌を分析したが、残された課題として、流行歌を支える社会層の分析とその時代的な移動の解明の必要性に言及している。

本書はそのような〈流行歌とそれを支える社会層〉の分析のひとつの試みであった。見田が歌詞分析によって通時的に流行歌に現れた人々の感情の歴史をあとづけたとするなら、本書で試みたのは、「カチューシャの唄」を手がかりにした、共時的な流行歌の受容構造へのアプローチ、すなわち〈歌─メディア─受け手─感情〉という関係性への斬り込みであった。それがどこまで成功したかはわからないが、流行歌の研究を表面的な歌の変遷の歴史に終わらせることなく、その支持基盤との関連で構造的にとらえる試みは今後とも必要である。

本書の概要をさる研究会の研究集会で報告した際に、参加された何人もの方々から、自分の祖母がときおり「カチューシャの唄」を口ずさむのを耳にしたというお話をうかがった。若いころに覚えた歌を数十年後の老境に入ってもなお覚えていて、その歌が自然と口からこぼれてくるという、そこにおける流行歌と受け手との関係性はメディア史的にみてどのような性格のものであろうか。思想・文学や映画の受容のあり方とどのように異なっているのであろうか。活字メディアや映像メディアとの比較で、流行歌の受容のあり方をとらえ直す必要性を改めて感じさせられた。

流行歌の比較メディア史へ

見田宗介が前掲書の中でかつて「民衆がみずからそれを口ずさみ（あるいは放歌し斉唱し）、能動的に参与することをとおしてはじめて流行歌たりうる」と述べたように、流行歌が流行歌たりうるためには、その歌を何度も繰り返し聴いてメロディと歌詞を覚えるという反復行動を行う人々が、しかもそれを自ら進んで喜々として行う膨大な数の受け手の存在が必要である。そこにおける受容のあり方は、新聞や雑誌を毎日消費していく活字メディアの場合や、映画を一回観るだけの映像メディアの場合とは根本的に違ってこざるをえない。今後、流行歌を比較メディア史的な視点からとらえる作業も必要である。

あとがき

自分の生まれる前のはるか昔に流行した歌を、何度もくり返し聴いて自然に歌えるようになると、時として日本人の父祖の歴史を直接にさかのぼっていくような錯覚を覚えるときがある。書物を読んでいるだけではわからない、言葉ではいまひとつ理解できない、その時代の熱気や感情といったものが歌によって直接に喚起されてくる。

考えてみれば、ある時期に流行した歌が、その後一〇〇年間にわたって歌い継がれるということは奇跡的なことである。それも骨董品的な珍しさからではなく、一〇〇年後の私たちがなお歌いたくなるような、現在でも古びない魅力をたたえた流行歌。それが「カチューシャの唄」であり、「ゴンドラの唄」である。このような歌が私たちに歌い伝えられてきたことはおおいなる喜びである。

「カチューシャの唄」に関して、近年では「カチューシャの唄知音都市交流事業」という注目すべき活動が行われている。これは「カチューシャの唄」の関係者四名の出身地である浜田市（抱月）・中野市（晋平）・長野市松代町（須磨子）・糸魚川市（相馬御風）の四市が一九九〇年から取り組んでいる事業で、住民グループや職員の相互交流、記念イベント等が継続して開催されている。糸魚川市では夕方五時になると一斉に「カチューシャの唄」のチャイムが鳴り、市民の生活に溶け込んでいるという。二〇〇九年には二〇周年記念イベントが浜田市で開催されている。

私はこれまで活字メディアや映画といったメディアの流通・受容に興味を持ってきたが、今回流行歌に取り組んでみて、活字メディア、映像メディアとはまた異なって、形を持たない流行歌というものの人々に与える影響力の重要性ということに改めて気づかされた。

それとともに、前著の「ジゴマ」の調査の際にも感じたことであるが、芸術座の全国にわたる巡業の調査は一個人の手にあまる作業であった。遠大な希望ではあるが、各県立図書館等の共同作業によって、明治以降の演劇・映画興行の全国的なデータベースが作れないものであろうか。浪花節の桃中軒雲右衛門《とうちゅうけんくもえもん》、女義太夫の豊竹呂昇《とよたけろしょう》、活動写真弁士の駒《こま》田好洋《だこうよう》、「ファントマ」の活動写真等に関する地方新聞の巡業関係記事がネット上でみられるようになれば、演劇・映画史研究は大きく進展することと思う。

そう思ったのも、今回、芸術座の地方巡業の調査で多くの県立図書館に大変お世話になったからである。担当者の方々には、地元の新聞記事を調査していただくという多大な面倒をおかけして、感謝いたします。

本書の要旨は二〇〇九年九月に開催されたメディア史研究会夏季研究集会のシンポジウム「感情のメディア史」において報告した。お世話くださった有山輝雄先生、飯塚浩一先生、佐藤卓巳先生と、コメントをいただいた出席者各位にお礼申し上げます。

本書の出版に際して、吉川弘文館編集部にはひとかたならぬお世話になりました。また、日本エディタースクール出版部の長井治氏と編集工房トモリーオの高橋朋彦氏には貴重なアドバイスをいただき、ありがとうございました。

最後に、日頃お世話になっている吉見俊哉先生をはじめ、情報学環の諸先生方や同僚にも、この場を借りて改めて感謝の意を表します。

二〇一〇年六月

永　嶺　重　敏

参考文献

藍川由美『「演歌」のススメ』文春新書、二〇〇二年。

相沢直樹「失われた明日のドラマ─島村抱月の芸術座による『その前夜』劇上演（一九一五）の研究─」『山形大学人文学部研究年報』四、二〇〇七年。

相沢直樹「『ゴンドラの唄』考」『山形大学紀要（人文科学）』一六巻三号、二〇〇八年。

秋庭太郎『日本新劇史』下巻、理想社、一九五六年。

朝日新聞社編『東京のうた』朝日新聞社、一九六八年。

生明俊雄『ポピュラー音楽は誰が作るのか─音楽産業の政治学─』勁草書房、二〇〇四年。

網野　菊「カチューシャの唄」『トルストイ全集』月報六、河出書房新社、一九七二年。

飯塚恒雄『カナリア戦史─日本のポップス一〇〇年の戦い─』愛育社、一九九八年。

池内靖子「『女優』と日本の近代─主体・身体・まなざし─松井須磨子を中心に─」『立命館国際研究』一二巻三号、二〇〇〇年三月。

池野　誠『抱月新劇の父─近代演劇に尽くした島根の人々─』松江市民劇場、一九九八年。

稲垣達郎、岡保生編『座談会島村抱月研究』近代文化研究所、一九八〇年。

今西栄造『演歌に生きた男たち─その栄光と挫折の時代─』文一総合出版、一九八〇年。

岩町　功『評伝島村抱月─鉄山と芸術座─』上下、石見文化研究所、二〇〇九年。

大笹吉雄『日本現代演劇史』明治・大正篇、白水社、一九八五年。

大林宗嗣『民衆娯楽の実際研究—大阪市の民衆娯楽調査』大原社会問題研究所、一九二二年。

大宅壮一『大宅壮一日記』中央公論社、一九七一年。

丘十四夫『歌暦五十年』全音楽譜出版社、一九五四年。

岡　保生「抱月訳の「復活」」『国文学研究』七八集、一九八二年。

奥　忍「中山晋平の流行歌はどのように歌われていたか—松井須磨子、後藤紫雲、佐藤千代子の場合—」『奈良教育大学紀要』三七巻一号、一九八八。

小熊三郎『柏崎活動写真物語』柏崎日報社、一九八四年。

鹿島孝二『大正の下谷っ子』青蛙房、一九七六年。

加太こうじ『流行歌論』東京書籍、一九八一年。

上山敬三「中山晋平と映画」『信濃教育』九四七号、一九六五年一〇月。

河竹繁俊『逍遥・抱月・須磨子の悲劇—新劇秘録—』毎日新聞社、一九六六年。

川村花菱『松井須磨子—芸術座盛衰記—』青蛙房、二〇〇六年。

菊池清麿『中山晋平伝—近代日本流行歌の父—』郷土出版社、二〇〇七年。

楠山正雄「島村抱月先生に」『新演芸』一九一六年六月。

倉田喜弘『日本レコード文化史』岩波現代文庫、二〇〇六年。

倉田喜弘『「はやり歌」の考古学—開国から戦後復興まで—』文春新書、二〇〇一年。

小泉恭子『音楽をまとう若者』勁草書房、二〇〇七年。

後藤千秋「近代歌謡史における松井須磨子の位置」『日本歌謡研究』二五号、一九八六年一月。

『コロムビア五〇年史』日本コロムビア株式会社、一九六一年。

権田保之助『娯楽業者の群』実業之日本社、一九二三年。

権藤敦子「明治・大正期の演歌における洋学受容」『東洋音楽研究』五三号、一九八八年。

佐々木孝丸『風雪新劇志―わが半生の記―』現代社、一九五九年。

『佐藤喜一郎追悼録』三井銀行、一九七五年。

島村抱月『抱月全集』一―八巻、天佑社、一九一九―二〇年。

周東美材「「令嬢」は歌う―童謡にみる歌声とメディアの地層―」『思想』一〇〇九号、二〇〇八年五月。

添田知道『演歌師の生活』（生活史叢書一四巻）、雄山閣出版、一九九四年。

添田啞蟬坊『啞蟬坊流生記』日本図書センター、一九九九年。

添田啞蟬坊『流行歌明治大正史』（添田啞蟬坊・知道著作集別巻）、刀水書房、一九八二年。

園部三郎『日本民衆歌謡史考』朝日選書、一九八〇年。

園部三郎他『日本の流行歌―その魅力と流行のしくみ―』大月書店、一九八〇年。

立川昭二『病いの人間史―明治・大正・昭和―』文春文庫、二〇〇二年。

田中栄三『新劇その昔』文藝春秋新社、一九五七年。

田中純一郎『日本映画発達史』第一巻、中央公論社、一九五七年。

田辺若男『俳優―舞台生活五十年―』春秋社、一九六〇年。

玉川一郎『大正・本郷の子』青蛙房、一九七七年。

戸板康二『松井須磨子―女優の愛と死―』文春文庫、一九八六年。

永嶺重敏『雑誌と読者の近代』日本エディタースクール出版部、一九九七年。

中村吉蔵「芸術座の記録」『早稲田文学』一六一号、一九一九年四月。

中山卯郎『中山晋平作曲目録・年譜』豆ノ樹社、一九八〇年。

中山晋平「演劇及び映画に於ける所謂主題歌に就いて」『芸術殿』一九三二年二月。

中山晋平「カチューシャの思い出」『音楽』一九四七年九月。

中山晋平「作曲生活廿年を語る」『話』一九三五年八月。

中山晋平「中山晋平自譜」『中央公論』一九三五年八月。

中山晋平「はやり唄問答」『民俗芸術』一九二九年二月。

中山晋平「民謡作曲」『アルス西洋音楽大講座』第七巻、一九二九年。

中村喜和『ロシアの木霊』風行社、二〇〇六年。

林芙美子「九州炭坑街放浪記」『改造』一九二九年一〇月。

林芙美子『林芙美子全集』第一巻、新潮社、一九五二年。

林芙美子『放浪記』新潮文庫、一九七九年。

福田秀一「抱月の『復活』と『カチューシャの唄』」『人文科学研究』三六号、二〇〇五年三月。

藤浦　洸『なつめろの人々』読売新聞社、一九七一年。

古川晴彦「島村抱月は本当に〈カチューシャの唄〉を作詞したか―「劇中歌」から「主題歌」へ―」『国文学―解釈と教材の研究―』五一巻九号、二〇〇六年八月。

堀内敬三『音楽五十年史』鱒書房、一九四二年。

増田　聡「音楽「著作権」の誕生―近代日本における概念の成立と流用―」『鳴門教育大学研究紀要（芸術編）』第一七巻、二〇〇二年。

町田等監修『定本中山晋平―唄とロマンに生きた全生活―』郷土出版社、一九八七年。

松本克平『日本新劇史―新劇貧乏物語―』筑摩書房、一九六六年。

見田宗介『近代日本の心情の歴史―流行歌の社会心理史―』講談社学術文庫、一九七八年。

嶺　隆『帝国劇場開幕―「今日は帝劇　明日は三越」―』中公新書、一九九六年。

村田栄子『妾の半生―女優生活―』須原啓興社、一九一六年。

村山知義『演劇的自叙伝』東邦出版社、一九七〇年。

森垣二郎「中山晋平氏レコード音楽界への進出」『信濃教育』九四七号、一九六五年一〇月。

森垣二郎『レコードと五十年』河出書房新社、一九六〇年。

安田保雄「比較文学ノート（七）―「ゴンドラの唄」をめぐって―」『成蹊国文』二一号、一九八八年。

柳永二郎『木戸哀楽―新派九十年の歩み―』読売新聞社、一九七七年。

山本茂実「カチューシャ可愛や―中山晋平物語―」大月書店、一九九四年。

吉井　勇「松井須磨子に送る手紙」『新文芸』一巻三号、一九四六年。

和田　登『唄の旅人　中山晋平』岩波書店、二〇一〇年。

著者紹介

一九五五年、鹿児島県に生まれる
一九七八年、九州大学文学部卒業
現在、東京大学情報学環図書室勤務

主要著書
雑誌と読書の近代（日本出版学会賞）　モダン都市の読書空間（日本図書館情報学会賞）　読書国民の誕生　怪盗ジゴマと活動写真の時代（日本児童文学学会奨励賞、内川芳美記念マス・コミュニケーション学会賞）　東大生はどんな本を読んできたか

歴史文化ライブラリー
304

流行歌の誕生
「カチューシャの唄」とその時代

二〇一〇年（平成二十二）九月一日　第一刷発行

著　者　永《なが》嶺《みね》重《しげ》敏《とし》
発行者　前田求恭
発行所　株式会社　吉川弘文館
東京都文京区本郷七丁目二番八号
郵便番号一一三―〇〇三三
電話〇三―三八一三―九一五一〈代表〉
振替口座〇〇一〇〇―五―二四四
http://www.yoshikawa-k.co.jp/
印刷＝株式会社　平文社
製本＝ナショナル製本協同組合
装幀＝清水良洋・星野槙子

歴史文化ライブラリー

1996.10

刊行のことば

現今の日本および国際社会は、さまざまな面で大変動の時代を迎えておりますが、近づきつつある二十一世紀は人類史の到達点として、物質的な繁栄のみならず文化や自然・社会環境を謳歌できる平和な社会でなければなりません。しかしながら高度成長・技術革新にともなう急激な変貌は「自己本位な刹那主義」の風潮を生みだし、先人が築いてきた歴史や文化に学ぶ余裕もなく、いまだ明るい人類の将来が展望できていないようにも見えます。このような状況を踏まえ、よりよい二十一世紀社会を築くために、人類誕生から現在に至る「人類の遺産・教訓」としてのあらゆる分野の歴史と文化を「歴史文化ライブラリー」として刊行することといたしました。

小社は、安政四年（一八五七）の創業以来、一貫して歴史学を中心とした専門出版社として書籍を刊行しつづけてまいりました。その経験を生かし、学問成果にもとづいた本叢書を刊行し社会的要請に応えて行きたいと考えております。

現代は、マスメディアが発達した高度情報化社会といわれますが、私どもはあくまでも活字を主体とした出版こそ、ものの本質を考える基礎と信じ、本叢書をとおして社会に訴えてまいりたいと思います。これから生まれでる一冊一冊が、それぞれの読者を知的冒険の旅へと誘い、希望に満ちた人類の未来を構築する糧となれば幸いです。

吉川弘文館

〈オンデマンド版〉
流行歌の誕生
「カチューシャの唄」とその時代

歴史文化ライブラリー
304

2022年（令和4）10月1日　発行

著　者　永《なが》嶺《みね》重《しげ》敏《とし》
発行者　吉川道郎
発行所　株式会社　吉川弘文館
〒113-0033　東京都文京区本郷7丁目2番8号
TEL　03-3813-9151〈代表〉
URL　http://www.yoshikawa-k.co.jp/

印刷・製本　大日本印刷株式会社
装　幀　清水良洋・宮崎萌美

永嶺重敏（1955～）

ISBN978-4-642-75704-1